QU'EST-CE QUE LA DIALECTIQUE ?

COMITÉ ÉDITORIAL

CHEMINS PHILOSOPHIQUES

Collection dirigée par Roger POUIVET

Claire PAGÈS

QU'EST-CE QUE LA DIALECTIQUE ?

Paris

LIBRAIRIE PHILOSOPHIQUE J. VRIN

6, place de la Sorbonne, Vᵉ

2015

T. W. Adorno, *Dialectique négative*, trad. G. Coffin, J. Masson, O. Masson, A. Renaut, D. Trousson, © 2003, Paris, Payot.

© *Librairie Philosophique J. VRIN*, 2015

Imprimé en France

ISSN 1762-7184

ISBN 978-2-7116-2620-5

www.vrin.fr

QU'EST-CE QUE LA DIALECTIQUE ?

Le mot français « dialectique » vient du grec διαλέγειν. Le préfixe δια peut signifier en composition une idée de séparation (en séparant, de côté et d'autre, diversement, l'un avec/contre l'autre, en partie), de pénétration (à travers), de supériorité ou d'achèvement. Il indique ici le fait que l'action se réalise avec ou contre un tiers. Le verbe λέγειν possède souvent le sens de dire, parler. Étymologiquement (s'entretenir, discourir, raisonner), la dialectique désigne donc un échange de paroles ou de discours et par suite, comme type de savoir, l'art du dialogue ou la technique de la discussion. Elle qualifie alors la technique oratoire cultivée à des fins politiques dans le cadre de la Cité grecque. Pourtant, une difficulté majeure touchant la compréhension de l'idée de dialectique tient au fait que son sens excède largement cette signification étymologique et historique. Elle constitue en effet une catégorie technique de la philosophie possédant une détermination différente dans le cadre des divers systèmes philosophiques qui la mobilisent. Bien plus, il s'agit souvent d'une catégorie intra-philosophique engageant non pas une réflexion philosophique sur telle ou telle réalité, idée, mais une forme de réflexivité, une relation de la philosophie à elle-même, variant selon les philosophies, mais visant à se définir comme discipline de la pensée. L'analyse de la dialectique se révèle donc plus complexe que celle des idées ou concepts dont traite d'ordinaire la réflexion philosophique, pour cette raison qu'elle induit un questionnement métathéorique concernant la philosophie.

LA DIALECTIQUE EN QUESTION

Le terme « dialectique » suscite aujourd'hui, d'une part, bien souvent des réactions sceptiques voire une franche désapprobation. D'autre part, est déniée à la dialectique toute objectivité, si bien que celle-ci vient rejoindre et s'associer dans les esprits à la rhétorique. Ce mouvement contemporain qui fait de la dialectique une technique est intéressant, dans la mesure où celle-ci tient précisément chez Socrate et Platon son acte de naissance de sa distinction soigneuse d'avec une technique oratoire, la rhétorique. À quelques exceptions près, tous ceux qui définissent la dialectique comme « l'art de discuter subtilement et habilement de toutes choses » se rangent parmi ses critiques et adversaires. C'est en ce sens péjoratif que les sophistes pouvaient être appelés « dialecti-ciens » par leurs adversaires.

Dialectique et rhétorique

La rhétorique semble en effet avoir affaire aux opinions des hommes, soit à ce qui leur apparaît vrai. Si le vrai se confond en ce sens avec ce qui apparaît à chacun, nous ne sommes pourtant pas condamnés au désaccord dû à l'enfermement de chacun dans la perspective qui est la sienne, car il reste possible, en lui parlant, de conduire quelqu'un à changer la façon dont les choses lui apparaissent, à changer d'opinion. C'est tout l'art de la rhétorique et des grands sophistes grecs comme Protagoras. Il s'agit d'une parole persuasive permettant de substituer un type d'apparence à un autre. La rhétorique comme art de bien parler pour persuader a été développée jusqu'à devenir une partie essentielle de la culture et de l'éducation. La «classe de rhétorique» correspondait au lycée à l'actuelle Première, suivie par la «classe de philosophie» (l'actuelle Terminale). Au XIXe siècle, se pratiquait la «vétérance de rhétorique»: les meilleurs bacheliers revenaient en classe de rhétorique pour y effectuer des exercices plus difficiles – destinés à les préparer au concours de l'ENS – que ceux que l'on donnait aux «nouveaux». À la fin du XIXe siècle, devant les désordres engendrés par la cohabitation de deux publics très différents, fut créée pour les «vétérans» une classe spécifique, appelée «Rhétorique supérieure», classe qui devint en 1902 la classe de «Première supérieure». Devant la difficulté d'une préparation au concours en un an, on fit bientôt précéder la khâgne d'une autre classe, baptisée hypokhâgne (Lettres supérieures).

Il y a certes une nécessité de la rhétorique, sur laquelle insiste Gorgias, sophiste et grand professeur de rhétorique. Il raconte ainsi à Socrate, comme Platon en témoigne dans *Le Gorgias*, dialogue qui examine la valeur morale et politique de la rhétorique, qu'il accompagne souvent son frère, médecin, dans ses visites. Parfois, le patient n'accepte pas le remède prescrit, pourtant fondé sur un savoir. Mais ce savoir, le patient ne le possède pas et il ne voit pas la raison du traitement. Ici, l'orateur est utile, et quelquefois Gorgias arrive à convaincre le malade de son frère, signe qu'il y aurait une utilité de la rhétorique: «Et là où ce médecin était impuissant à les convaincre, moi, je parvenais, sans autre art que la rhétorique, à les convaincre»[1]. Tout dépendrait alors de la façon dont on use de la rhétorique, qui serait donc profitable utilisée à bon escient.

---

1. Platon, *Gorgias*, Paris, GF-Flammarion, 1993, 456b, p. 143-144.

Pour défendre leur art, les professeurs de rhétorique font valoir la neutralité du procédé qu'ils enseignent. L'argument de la neutralité de la technique a ainsi une paternité sophistique. Gorgias explique que la rhétorique n'est pas responsable des mauvais usages qui en sont faits et que ce n'est pas elle qu'il faut accuser de sauver les coupables dans un procès puisqu'elle sauve aussi bien les innocents. Les criminels ne seraient ni les maîtres, les professeurs de rhétorique, ni l'art mais les individus qui en font un usage illégitime : « les criminels, à mon sens, sont les individus qui font un mauvais usage de leur art. Eh bien, le même raisonnement s'applique aussi à la rhétorique »[1].

Discutant avec les grands rhéteurs, Socrate souligne les limites et les faiblesses de la rhétorique, tout en distinguant soigneusement celle-ci de la dialectique. Certes, la rhétorique modifie le contenu de pensée de l'interlocuteur. Néanmoins, elle ne dépasse pas le domaine de l'opinion, puisqu'elle renverse une croyance en une autre croyance, un type d'apparence en un autre. La vérité de la chose n'est pas touchée, seul l'objet de la croyance est modifié. La dialectique désignera alors d'abord la connaissance vraie, distinguée à la fois de la connaissance sensible et de l'opinion.

La rhétorique ne nécessite pas que soit connue la vérité de ce qu'on cherche à persuader. En outre, la persuasion peut avoir le faux pour objet car l'efficacité de ce discours est conditionnée simplement par le fait qu'il soit crédible et que l'interlocuteur ignore la vérité. Elle ne transmet pas le savoir et ne permet pas de déterminer le vrai. Pour cela, il faut un art du dialogue et la dialectique. Socrate et Platon distinguent alors la rhétorique (pour savoir parler aux hommes) et la dialectique (pour discuter du vrai, du bien). Les sujets sur lesquels Socrate

1. Platon, *Gorgias*, 457a, p. 145.

engage le dialogue concernent en effet le *savoir* qu'on peut avoir des valeurs. Il demande par exemple : qu'est-ce que le courage ? la piété ? la justice ? Le dialogue suppose que ces questions ne sont pas affaire d'apparence, mais qu'il y a Un savoir du bien, Une essence du juste, du courage, de la piété que le dialogue et la dialectique vont permettre de connaître ou du moins d'approcher.

C'est pourquoi, quand la réception de la dialectique, qui est souvent dans ce cas une réception critique, appréhende celle-ci comme une rhétorique, elle semble rompre avec toute une tradition héritée de l'enseignement de Socrate. Pour autant, si la dialectique donne accès au vrai quand la rhétorique nous laisse en proie au vraisemblable, celle-ci n'a rien de facile et demeure un chemin ardu dont l'accès est restreint. En effet, dans la *paideia* platonicienne, il convient d'étudier la musique, la géométrie, l'arithmétique, l'astronomie, la musique[1], avant d'en venir à la philosophie. La pratique de la philosophie à temps plein est réservée à l'âge mûr. Platon insiste en effet sur le danger de l'étude de la dialectique et de la philosophie quand on l'aborde trop tôt et sans avoir reçu une solide formation préalable[2].

Contre la dialectique

Nous prendrons quelques exemples de la réception critique contemporaine du concept de dialectique, choisis dans deux traditions différentes. Ils nous permettront d'introduire plusieurs problèmes relatifs à cette notion.

---

1. Platon, *La République*, Paris, GF-Flammarion, 1966, Livre VII, 522c-533a, p. 281-291.
2. *Ibid.*, VII, 538e-540e, p. 298-299.

1) Richard Rorty, dans *Contingence, ironie et solidarité* (1989), présente la dialectique comme un genre littéraire qui consiste essentiellement à jouer sur le vocabulaire : « Pour désigner ce que j'ai nommé "dialectique", il y aurait une expression plus moderne : celle de "critique littéraire" » [1]. En effet, en lieu et place d'une argumentation, l'ironiste dialectique propose une redescription subreptice des objets, substituant au travail de cognition un art littéraire :

> J'ai défini la "dialectique" comme l'effort pour jouer les vocabulaires les uns contre les autres, plutôt que de simplement inférer des propositions les unes des autres et, en conséquence, comme la substitution partielle de la redescription à l'inférence. [...] Dans cette optique, la méthode dialectique de Hegel n'est pas une procédure d'argumentation ni une manière d'unifier sujet et objet, mais simplement un talent littéraire : une technique pour produire de surprenants changements de *gestalt* en opérant des transitions rapides et en douceur d'une terminologie à l'autre [2].

La dialectique est ce faisant renvoyée du côté de la rhétorique, de l'art du discours, en même temps que sa fonction de connaissance est récusée. Le discours de connaissance, celui qui enchaîne rigoureusement les propositions, ne sera pas dialectique. Cela n'est pas forcément négatif pour Rorty, qui lui-même met en doute la possibilité d'une formulation de la vérité objective et propose donc à la philosophie un autre but – la création ou recréation de soi. Pourtant, la dialectique est de ce fait interprétée comme arrangement discursif et lui est déniée toute objectivité.

---

1. R. Rorty, *Contingence, ironie et solidarité*, Paris, Armand Colin, 1993, p. 118.
2. *Ibid.*

Déjà, de façon plus corrosive encore, Schopenhauer dans *La Dialectique éristique* (1830-31), mieux connue sous le titre *L'Art d'avoir toujours raison*, avait restreint la dialectique à une méthode de persuasion et à une technique rhétorique qui recherche l'efficacité du discours quel qu'il soit. C'est « l'art de la controverse », « *éris* » désignant en grec la dispute ou la querelle. Il ne s'agit pas là d'une récusation de la dialectique. Bien au contraire car Schopenhauer insiste sur la valeur de cet art et son utilité. En effet, on peut bien avoir raison objectivement. Privé des moyens, voire des armes, d'affirmer et d'imposer sa thèse, on se retrouve impuissant et l'adversaire peut l'emporter quoiqu'il puisse avoir objectivement tort : « La dialectique éristique est l'art de la controverse, menée de telle manière qu'on ait toujours raison, donc *per fas et nefas* [qu'on ait raison ou tort]. Car on peut avoir objectivement raison, quant à l'objet même du débat, tout en restant dans son tort aux yeux des assistants, et même parfois de soi-même »[1]. La dialectique enseigne alors comment se défendre contre les attaques de toute nature et comment attaquer soi-même. Il s'agit de faire accroire ses thèses et non de distinguer le vrai du faux. Pour cela, et c'est l'objet de l'opuscule, il faut, souligne Schopenhauer, savoir analyser et démasquer les « stratagèmes » de la déloyauté. Cet art est d'un grand prix et manifestement indispensable aux relations avec autrui dans la mesure où, dans les échanges entre les hommes, ce n'est pas le désir de vérité qui prime. La dialectique est ainsi déconnectée de la recherche du jugement droit et de l'esprit dans lequel était conduit le dialogue socratique.

---

1. A. Schopenhauer, *L'Art d'avoir toujours raison ou Dialectique éristique*, Paris, Circé, 1999, p. 7.

2) Cette relativisation de la dialectique possède d'autres arguments et d'autres représentants. Il s'agit parfois non de la restreindre à une technique – à sa forme subjective, dirait Hegel – mais d'en limiter le champ d'application voire de lui dénier toute validité. Qu'on songe simplement à la critique éthique de la dialectique qu'on trouve chez Emmanuel Levinas dans *Totalité et infini*. Si la dialectique est disqualifiée, c'est qu'elle occulte la réalité de la transcendance, qu'il s'agisse de la transcendance de Dieu ou de celle d'Autrui : « La force d'opposition et d'appel dialectique détruirait la transcendance en l'intégrant dans une synthèse »[1]. Le rapport éthique à l'autre n'est ni de l'ordre de la fusion, ni un rapport de connaissance et encore moins une relation de reconnaissance dialectique réciproque. En ce qu'elle se donne comme une puissance qui réduit les verticalités qui déchirent le réel pour œuvrer à leur réconciliation, la dialectique est écartée malgré tout comme déni de la transcendance :

> Le rapport avec l'Autre – absolument autre – qui n'a pas de frontière avec le Même, ne s'expose pas à l'allergie qui afflige le Même dans une totalité et sur laquelle la dialectique hégélienne repose. L'Autre n'est pas pour la raison un scandale qui la met en mouvement dialectique, mais le premier enseignement raisonnable, la condition de tout enseignement. Le prétendu scandale de l'altérité, suppose l'identité tranquille du Même, une liberté sûre d'elle-même qui s'exerce sans scrupules…[2].

---

1. E. Levinas, *Totalité et infini, essai sur l'extériorité*, Paris, Le Livre de Poche, 1971, p. 161.
2. *Ibid.*, p. 222.

3) Enfin, Jean-François Lyotard présente la dialectique comme un genre de discours (moderne) illégitime pour cette raison qu'il fait tort à la multiplicité des petits récits. C'est la critique « post-moderne » de la dialectique. Introduit en particulier par Lyotard en 1979 dans *La Condition postmoderne*, le terme « postmoderne » désigne en effet ce qui ne se soutient plus de raisons, ce qui est hors légitimation mais aussi hors délégitimation. Lyotard nomme au contraire « moderne » la science qui, pour se légitimer, se réfère à un métadiscours qui recourt explicitement à tel ou tel grand récit. Quand les grands récits de légitimation se décomposent ou perdent de leur créance, émerge un état du savoir et de la société dans lequel il n'y a plus de langage postulé comme commun fournissant la mesure des différents jeux de langage.

Lyotard forme donc l'idée de grands récits ou « métarécits » (la dialectique de l'Esprit chez Hegel, l'herméneutique du sens chez Husserl, l'émancipation du sujet raisonnable ou travailleur chez Marx, le développement de la richesse pour la pensée libérale) qui se caractérisent par l'idée d'émancipation. Ces récits relèvent du mythe, quoiqu'à la différence des mythes, ils ne cherchent pas leur légitimité dans un acte originel fondateur, mais dans un futur à faire advenir, dans une Idée à réaliser. Cette idée (la liberté, la « lumière », le socialisme, *etc.*) possède une valeur légitimante en raison de son universalité postulée. Si Lyotard décrit le déclin de la fonction légitimante de ces grands récits et leur crise, il insiste *a contrario* sur la nécessité de démultiplier les rationalités et discours que la modernité précisément amalgamait et totalisait : sur la nécessité de rompre avec le grand récit moderne et, au premier chef, avec la dialectique. Aux grands récits s'opposent les petits récits qui ne revendiquent pas l'universalité. Ceux-ci permettent de tenir la différence comme hétérogénéité radicale. C'est alors la dialectique dans son ensemble que Lyotard écarte, qu'elle soit idéaliste ou matérialiste : la logique dialectique hégélienne *et* marxiste est réduite, avec la fin des grands récits, à n'être qu'un simple idiome [1].

La dialectique est mise en cause dans sa dimension de totalisation par la pensée du différend. La thématisation du différend peut se présenter comme un dispositif anti-dialectique, puisqu'est opposée au mouvement de totalisation qui produit une vérité supérieure et un progrès dans l'universalisation de la raison l'existence d'une division irréductible de la rationalité et de l'universalité. Les protagonistes du différend sont installés dans la situation inextricable du *ou bien ou bien* ou de la transcendance. Lyotard distingue précisément le différend, conflit intraitable, du dommage qui désigne la part « traitable » avec l'autre, ce de quoi il pourrait y avoir reconnaissance. Or, la dialectique, hégélienne en particulier, ne ferait pas droit à ce partage, en écartant comme frivole la situation de controverse :

> La Science, au sens hégélien, ne laisse pas la *dialéktikè* à côté d'elle, comme faisait la didactique aristotélicienne. Elle l'inclut en son genre de discours, le spéculatif. Dans ce genre, le deux de la *dialéktikè*, qui donne matière aux paralogismes et aux apories, est mis au service de la fin didactique, l'un. Il n'y a pas de vraies discussions [2].

Le problème que soulève *Le Différend* – le conflit n'est pas évitable, ce que disait déjà Hegel, mais il n'est pas dépassable – nous installe dans un univers qui n'est pas dialectique, compte tenu, d'une part, de l'impossibilité d'éviter les conflits et, d'autre part, de l'absence d'un genre de discours universel pour

---

1. J.-F. Lyotard, *Pérégrinations*, Paris, Galilée, 1990, p. 99.
2. J.-F. Lyotard, *Le Différend*, Paris, Minuit, 1983, § 152, p. 130.

les régler. Contre la dialectique de Hegel, Lyotard soutient l'irréductibilité de la pluralité des genres de discours : le langage n'est pas quelque chose d'unique, d'où une hétérogénéité entre les phrases.

DIALECTIQUE ET DIALOGUE
LA QUESTION DE LA MÉTHODE

Ces différents exemples de critiques contemporaines de la dialectique nous permettent de cerner plusieurs problèmes qui sont au cœur de toute interrogation à son sujet. Se pose d'abord la question de l'objectivité ou de la subjectivité de la dialectique. En quel sens s'agit-il d'une méthode ? Méthode en un sens subjectif ? Il s'agit donc d'une technique, d'un art. Qu'est-ce qui alors la caractérise et la spécifie ? Méthode en un sens objectif ? Il s'agit de ce fait d'un processus inhérent aux idées, à l'esprit voire aux choses ou au contenu… En réalité, cette question mériterait d'être encore précisée et affinée car l'opposition entre méthode subjective (dialectique comme technique d'argumentation) et méthode objective (dialectique comme logique fondée sur une ontologie) ne circonscrit pas l'ensemble du problème. En effet, la dialectique pourrait encore relever de deux types de logique différents : une logique fondée sur une ontologie ou bien une logique formelle indépendante d'une position ontologique… Mais développons d'abord la question du rapport entre méthode et dialectique.

La « méthode » socratique

Il semble d'abord que la définition de la dialectique comme outil, instrument, méthode au sens le plus ordinaire du terme procède d'un malentendu. En quel sens la dialectique socratique est-elle une méthode ? En effet, Socrate constitue indéniablement la première représentation et figure de la dialectique. C'est pourquoi la dialectique a trait d'abord au dialogue : elle se réalise dans le dialogue avec Socrate et se représente comme un dialogue. Certes, pour Socrate et après lui Platon, la dialectique est la méthode propre à la philosophie, si bien que le philosophe est parfois désigné par eux comme un « dialecticien ». Reste à comprendre le statut de cette méthode.

Nous dialoguons sur des sujets qui peuvent être appréciés diversement (bien, justice, politique, etc.), sur des sujets dont la vérité n'est pas tranchée par une règle. Socrate part des opinions de ses interlocuteurs sur ces sujets, en leur demandant « Que crois-tu ? », et, grâce à ses questions, fait apparaître les contradictions qui résultent de leurs positions initiales. Ainsi le dialogue socratique n'est jamais un discours ou un monologue. Socrate déclare à Callias dans le *Protagoras* : « Donc si tu désires nous entendre, Protagoras et moi, prie-le de continuer à répondre juste à mes questions, en peu de mots, comme il l'a fait d'abord ; sinon quelle sorte de conversation est-ce là ? Pour moi, j'ai toujours cru que causer en société et faire des harangues étaient deux choses différentes »[1]. Ce n'est pas non plus un discours polémique, comme le souligne Prodicos dans le même texte : « discuter ensemble sans vous quereller : discuter, tout en restant bienveillants, c'est le fait de gens amis ; se quereller est le fait d'adversaires et d'ennemis »[2].

Certes, Socrate dialogue, mais il parle peu de dialectique, et le dialogue n'indique pas un savoir particulier car on peut y aborder tous les sujets. Il est donc impossible de dire que le savoir suprême est *la dialectique* et il faut affirmer plutôt que le savoir suprême est *dialectique*. La forme du savoir est

---

1. Platon, *Protagoras, Euthydème, Gorgias, Ménéxène, Ménon, Cratyle*, Paris, GF -Flammarion, 1967, 335e-336b.

2. *Ibid.*, 337a-337c

dialectique et «dialectique» apporte d'abord une indication non sur le contenu mais sur la méthode de ce savoir suprême. La dialectique ne désigne pas, en effet, un objet dont on parle mais ce qui se montre à l'œuvre dans le dialogue – et on comprend alors de quoi il retourne lorsque l'on saisit ce qui se passe dans un dialogue de Platon. Pour autant, elle n'a rien d'une simplement technique ou d'un dispositif oratoire.

En effet, la révélation des contradictions inhérentes au discours de l'interlocuteur ne procède pas d'une intervention extérieure, celle d'un Socrate appliquant aux propos de celui-ci un filtre d'analyse quelconque. En réalité, ce n'est pas Socrate, c'est le langage qui rappelle chacun à l'exigence de cohérence. L'exigence de vérité est portée par la règle du langage. Socrate dans le dialogue ne dit rien ainsi en son propre nom, il se fait plutôt l'interprète public du langage. C'est un art de savoir poser des questions, décomposer un problème complexe en problèmes simples et trouver l'ordre de résolution des questions. Socrate fait seulement apercevoir les conséquences nécessaires qui résultent des opinions, selon la loi du langage commun. C'est qu'il faut poursuivre notre recherche en suivant le logos. Socrate se fait donc l'interprète du langage commun. C'est pourquoi il peut dire à ses interlocuteurs : ce n'est pas moi, c'est le logos qui te réfute. Aussi peut-on considérer l'usage du langage dans le dialogue – son usage *dialectique* – comme l'émergence d'une première figure de l'universalité. En effet, cette dialectique-là constitue un accès à l'universel, Socrate nous engageant à suivre ce que le langage exige nécessairement de tous.

Socrate en effet ne contredit pas de l'extérieur l'opinion de son répondant – comme cela se produit dans la logique relativiste des sophistes. La contradiction qui s'ensuit des opinions de son répondant ne vient pas du dehors mais celui-ci entre en contradiction avec lui-même. L'opinion n'a pas été changée mais on l'a conduit à s'apercevoir de sa propre contradiction. Si libre que soit l'opinion ou la croyance, dès qu'on parle, il y a en effet des principes qui s'imposent à l'esprit. L'art de Socrate consiste alors à substituer à la contradiction avec l'autre le développement de la contradiction avec soi-même. La dialectique tient à cela. Si elle n'a pas de contenu positif – thétique – puisque Socrate n'enseigne rien contrairement par exemple aux « présocratiques », elle n'est pas non plus une technique ou un procédé.

L'âme propre du contenu

Nul philosophe plus que Hegel n'a défendu l'irréductibilité de la dialectique à une méthode extérieure ou à un procédé. La dialectique se distingue alors absolument de ce qu'on entend couramment par dialectique et qui n'est rien d'autre pour lui que cet esprit de contradiction bien formé et méthodique qui habite en tout homme, et qui excelle, dans le meilleur des cas, à distinguer le vrai d'avec le faux. Si la dialectique véritable ne se confond pas avec une méthodologie de l'argumentation, c'est d'abord parce qu'elle n'est pas extérieure à ce qu'elle dialectise. Elle se sépare ainsi nettement de la dialectique extérieure de l'entendement, qui est souvent sophistique et que Kant déjà avait distinguée de ce qu'il tenait pour l'inévitable logique de l'apparence (dialectique) à laquelle est confronté l'esprit et qui possède, de ce fait, une certaine objectivité. C'est que la dialectique est dialectique du concept pour Hegel, ce qui empêche de la comprendre comme une dialectique des propositions, des thèses et des antithèses, comme une dialectique de l'entendement, comme une dialectique subjective. Hegel marque nettement la non-extériorité de la dialectique en affirmant que la négativité de l'être « n'est pas extérieure à l'être, mais est sa propre dialectique »[1]. Les *Principes de la philosophie du droit* l'expriment plus clairement encore :

> Cette dialectique n'est donc pas l'ouvrage *externe* d'une pensée subjective, elle est au contraire l'*âme propre* du contenu, âme qui fait éclore de manière organique ses branches et ses fruits. Ce développement de l'idée comme activité propre de la raison, la pensée, en tant que pensée subjective, l'observe seulement sans y ajouter pour sa part un seul ingrédient[2].

Cette dialectique, qui est objective et non simplement subjective, a une portée et un ancrage ontologiques, c'est une dialectique de la réalité même ou de la Chose même. Ce n'est pas cet art du dialogue qui permettrait de prévenir les erreurs ou de les redresser, car celle-ci ne concernerait que les hommes et serait sans valeur générale. C'est pourquoi on sera très attentif à la manière dont la dialectique hégélienne implique des êtres qui lui semblent d'abord très étrangers, comme la nature. Il faudra donc considérer avec circonspection les définitions qui font d'elle une logique des propositions tout comme celles qui y voient une méthode ou un instrument permettant de conduire une argumentation, car la méthode, chez Hegel, comme chez Descartes, est loin d'être un ordre extrinsèque à son objet.

Plus pratique que théorique, la méthode chez Descartes permet en effet de découvrir la vérité : elle se distingue donc d'une logique formelle qui ne donne pas accès à la vérité matérielle des propositions. La méthode n'est pas simple garantie de cohérence, elle produit vraiment de la science.

---

1. Hegel, *Encyclopédie des sciences philosophiques*, I. *La science de la logique*, Paris, Vrin, 1970, 1817, § 64, p. 215. (désormais *E1*)
2. Hegel, *Principes de la philosophie du droit*, Paris, P.U.F, 2003, § 31R, p. 140. (désormais *PPD*)

Aussi est-elle un ordre d'invention et non d'exposition des résultats. C'est pourquoi Descartes dit préférer l'analyse à la synthèse. Elle conduit aussi à la vérité car, permettant de rompre avec la manière de raisonner héritée de l'enfance, empreinte de préjugés, elle préserve de l'erreur. La méthode vient de la compréhension qu'il y a un ordre à suivre pour découvrir la vérité, un ordre nécessaire dans lequel nos connaissances dépendent les unes des autres, et qu'il faut respecter. Il ne s'agit pas d'un traitement mathématique, de l'imposition aveugle de formules : ses préceptes doivent être compris pour être applicables. Ce sont d'ailleurs des règles simples, faciles et peu nombreuses.

Cette méthode immanente se distingue radicalement de la dialectique telle que Descartes la reçoit de la tradition, la comprend et la critique. Cette critique participe de son opposition générale à l'aristotélisme et ses prolongements scolastiques. Jamais celle-ci, avec ses syllogismes, ne se donne pour accès à la vérité ou à la connaissance mais au mieux comme moyen pour expliquer à autrui des choses qu'on sait et au pire comme moyen de parler de tout ce qu'on ignore[1] : « Ainsi elle corrompt le bon sens plus qu'elle ne l'augmente, car, en nous faisant faire digression par ces lieux communs et chefs généraux qui sont extérieurs à la chose en question, elle nous détourne de la chose même en sa nature »[2]. Aussi la dialectique – mais seulement la dialectique scolastique – semble-t-elle chassée du discours cartésien. Pourtant, l'esprit de la méthode n'est pas éloigné de ce que Hegel appellera la dialectique. Les choses sont néanmoins plus complexes car les dialecticiens du

1. Descartes, *Discours de la méthode*, Paris, Gallimard, 1991, p. 89.

2. Descartes, *L'Entretien avec Burman*, Paris, P.U.F, 1981, Texte 61, p. 136.

XVIe siècle que vise Descartes, quand, après Bacon, il critique la dialectique, dialecticiens qui appartenaient au courant de l'humanisme de l'époque, étaient eux-mêmes très loin de confondre dialectique et rhétorique…

La méthode qui serait dialectique, la « bonne dialectique », diffère donc d'un ordre extrinsèque. L'extériorité de la méthode à l'égard de ce qu'elle ordonne est d'ailleurs l'objet d'un problème. Si c'est un instrument distinct du matériau auquel elle s'applique, comment être assuré que c'est la bonne sans régression à l'infini (élaborer une méthode sans méthode) ? Si elle se confond avec l'exposition du vrai, nul besoin de méthode. Mais si elle s'en distingue, comment contribuerait-elle à la vérité ? Hegel a refusé absolument l'extériorité d'une méthode pré-développée et a saisi les contradictions d'une méthode qui serait extérieure à ce qu'elle ordonne. C'est pourquoi la méthode dialectique est conçue par lui comme automouvement du concept, en distinguant la dialectique de « l'ouvrage externe d'une pensée subjective » et en la comprenant comme l'âme propre du contenu. On se gardera donc de penser la rhétorique dissertatoire comme sa parfaite illustration.

La thèse de la "centralité" de la dialectique chez Hegel : développement et négation

Les interprétations de la dialectique qui en font bien plus qu'une technique sont solidaires de la thèse, pourrait-on dire, de la « centralité » de la dialectique. Nous verrons qu'elle définit chez Platon et Socrate la pratique même de la philosophie. En outre, comprise comme recherche du principe anhypothétique, la dialectique correspond à la science suprême. De même, chez Hegel, celle-ci est le principe du Système.

La dialectique est en effet chez Hegel une activité et le négatif ce qui met les choses en mouvement. C'est alors une relation dynamique engendrée par l'opération de négation. Hegel parle de l'*énergie* du négatif. La négativité dialectique est ainsi définie comme âme du contenu se mouvant lui-même, soit comme automouvement, et le négatif comme ce qui induit le mouvement : « ce par quoi le concept lui-même se dirige plus avant, c'est le négatif qu'il a en lui-même ; cela constitue le dialectique en sa vérité »[1]. Hegel use souvent de l'analogie entre négativité et vie, expliquant qu'elle vient insuffler la vie aux déterminations mortes et ossifiées, qu'elle fluidifie ce qui s'était immobilisé[2]. Cette activité est en outre assortie d'un indice de force : elle est puissante. Si l'entendement est saisi dans la représentation de la bonté de Dieu[3], la dialectique correspond à la représentation de sa puissance, car elle est « puissance universelle irrésistible devant laquelle rien, quelque sûr et ferme qu'il puisse paraître, n'a le pouvoir de subsister »[4].

La dialectique signifie solidairement une activité et un développement. Que la vérité soit sujet signifie en effet qu'elle implique son développement. Par là, la négativité entend détromper toutes les fausses promesses de l'immédiateté et tous ceux pour qui le vrai réside dans le sentiment, l'extase, l'intuition transcendante, un état mystique mais aussi l'innocence. Ainsi le processus dialectique ne consiste en aucune annulation réciproque des différences : « la négation de la négation n'est pas une neutralisation »[5]. Engels s'est dressé

---

1. Hegel, *Science de la logique*, Premier tome – Premier livre, *L'Être*, Édition de 1812, Paris, Aubier Montaigne, 1972, p. 27. (désormais *SL1*)

2. Hegel, *Science de la logique*, Deuxième tome, *La logique subjective* ou *doctrine du concept*, Paris, Aubier, 1981, p. 31. (désormais *SL3*)

3. Hegel, *E1*, Add. § 80, p. 511.

4. *Ibid.*, Add. § 81, p. 515.

5. *Ibid.*, § 95, p. 359.

contre cette interprétation *métaphysique* de la négation de la négation qui en fait « un passe-temps enfantin »[1] consistant à poser et biffer successivement un contenu. Cette dialectique ressemblerait au bavardage têtu et sceptique des jeunes gens dont Hegel dénonce la vacuité et qui consiste à dire *A* quand l'autre dit *B*.

La condition de ce développement est précisément l'activité du négatif, qui met les choses en mouvement : « Le négatif est le ressort du développement : l'opposition est l'âme même du réel »[2]. Engels attribue ainsi à Hegel le mérite d'avoir représenté l'ensemble de ce qui est comme un processus animé par la négation de la négation, définie comme « loi de développement de la nature, de l'histoire et de la pensée »[3], si bien que la dialectique est comprise grâce à lui comme « la science des lois générales du mouvement et du développement de la nature, de la société humaine et de la pensée »[4]. Ce développement possède en outre cette caractéristique d'être une progression et non un simple déploiement dans le temps. Autrement dit, son historicité se double d'une dimension téléologique. C'est pourquoi le développement indéfini dans la mauvaise infinité est un simple *réitérer* et non un *progresser* et la marque d'un négatif insuffisant : « poser, sursumer, et de nouveau poser et de nouveau sursumer ; une impuissance du négatif »[5].

Ce qui est nié dialectiquement n'est pas détruit mais maintenu, non pas à l'identique mais sous une forme différente. Chez Hegel, ne signifiant aucune dissolution en

1. F. Engels, *Anti-Dühring*, Paris, Éditions Sociales, 1973, p. 170.
2. *Ibid.*, p. 47.
3. *Ibid.*, p. 169.
4. *Ibid.*, p. 170.
5. Hegel, *SL1*, p. 218.

zéro, la négation se distingue de l'anéantissement, car « le négatif est tout aussi bien positif »[1]. Le résultat de la négation n'est pas le négatif vide qu'est le néant mais le négatif déterminé ou la médiation. Il y a médiation en effet quand une détermination produite contient celle d'un autre. La médiation dialectique désigne un passage dans lequel le successif devient le fondement et le contenu du subsister du premier. Cela distingue la relation engendrée par la dialectique des relations de succession, alternance, substitution simple, contiguïté, *etc.* Hegel a clairement souligné la double nature de l'*aufheben*, identité des contraires, « *hinwegräumen* », « *negieren* » d'un côté, « *aufbewahren* » de l'autre : « La *suppression* présente sa signification véritable, qui est double, celle que nous avons vue à même le négatif : elle est en même temps une *négation* et une *conservation* »[2]. Contre les interprétations métaphysiques de la dialectique, Engels insiste sur la levée de la négation, ou sur la seconde négation qui doit rester possible : « Nier, en dialectique, ne signifie pas seulement dire non, ou déclarer qu'une chose n'existe pas, ou la détruire d'une manière quelconque »[3]. Sans négatif, pas de mise en mouvement, mais sans négatif déterminé, plus de mouvement. En effet, l'annulation, l'anéantissement, la suppression constituent des blocages, des arrêts du développement. L'*Aufhebung* dialectique assure au contraire une continuité de contenu qui garantit la perpétuation de l'activité dialectique. La dialectique de la domination et de la servitude en fournit un bon exemple : la négation ne doit pas aller jusqu'à la destruction, soit jusqu'à la mort de l'un ou des

---

1. Hegel, *SL1*, p. 25.
2. Hegel, *Phénoménologie de l'Esprit*, Paris, Vrin, 2006. (désormais *Phéno*)
3. F. Engels, *Anti-Dühring, op. cit.*, p. 170.

deux protagonistes, car le mouvement de la reconnaissance s'arrêterait : on ne reconnaît pas un mort comme libre et il faut un vivant pour reconnaître.

Une dialectique secondaire

1) Que se passe-t-il si on conteste cette thèse, si on récuse la centralité de la dialectique ? On peut en effet, d'une part, faire de la dialectique un moment ou un adjuvent de la science philosophique. Ainsi, pour Aristote, l'inventaire dialectique des différentes opinions admises sur un sujet a une valeur propédeutique. Chez lui, la dialectique n'occupe pas le devant de la scène car elle se distingue de la philosophie première. La pensée d'Aristote permet de travailler sur la distinction entre dialectique et philosophie, alors que Platon ou Hegel se sont employés à les identifier. La première est critique, ses prémisses sont interrogatives, quand la seconde est une science avec des principes assertoriques. Quoique certains textes aristotéliciens semblent très négatifs sur la dialectique, des passages importants des *Topiques* (I ; VIII), mais aussi de la *Métaphysique* (Γ, 2) ou des *Seconds analytiques* (I, 11) confèrent à la dialectique une fonction décisive : sa « vocation examinatrice lui ouvre l'accès des principes de toutes les disciplines ». Le syllogisme dialectique, grâce à l'examen des *endoxa*, opinions partagées, permet de dégager les principes communs des sciences, d'exhiber leur valeur de vérité, ce que celles-ci par définition ne peuvent faire. La dialectique se présente comme un examen critique des opinions contradictoires émises sur tel ou tel point de doctrine. C'est d'ailleurs le chemin suivi par Aristote lui-même dans ses traités : faire l'inventaire des opinions jusque-là formulées sur le sujet dont il traite, puisque toujours, au début, il commence par passer en revue les opinions ou les difficultés concernant le sujet. Ce

rapport plus positif à l'opinion (partagée) distingue la dialectique aristotélicienne de la dialectique platonicienne, puisque l'opinion n'est plus ce qui me coupe de la vérité mais ce dont l'examen fait accéder médiatement au savoir des principes. Pourtant, ce faisant, la dialectique se donne aussi comme une méthode ou un procédé d'analyse extérieurs aux objets auxquels elle est appliquée. En outre, l'art dialectique – qui ne s'identifie plus à la science – donne accès alors au probable plutôt qu'au nécessaire.

Cette conception de la dialectique possède une postérité très importante, en particulier à la fin du Moyen Âge, où la dialectique occupa une grande place. Ainsi les XIIIᵉ et XIVᵉ siècles sont-ils considérés comme de grands siècles de la dialectique. Celle-ci y a partie liée avec le développement de la discussion, soit d'une certaine forme de dialogue et de joute oratoire. L'exposition doctrinale de la pensée, adossée à une démonstration, recule de plus en plus devant la question qui met aux prises un demandant et un répondant : « la démonstration, procédant seulement de la vérité, ne prouve qu'une partie ; aussi on ne propose pas de discussions démonstratives entre un opposant et un répondant ; le discuteur, c'est proprement le dialecticien qui prouve l'une et l'autre partie, en s'appuyant sur des propositions probables, vraies ou fausses »[1]. La philosophie en empruntant cette forme dialectique se meut alors principalement dans le champ de l'opinion probable – car on ne parvient de la sorte qu'à l'établissement d'opinions – et la logique est moins considérée comme une science inflexible que comme un arsenal contenant les moyens d'argumenter.

---

1. C. Michalski (*Le Criticisme et le scepticisme dans la philosophie du XIVᵉ siècle*), cité par É. Bréhier dans *La Philosophie du Moyen Âge* (1949), V, chap. 1, I.

L'abrégé de logique de Lambert d'Auxerre nommera ainsi le syllogisme *argumentatio dialectica*. Celui de Pierre d'Espagne annonce son intention de ne s'occuper que de preuves probables ; et l'on ajoute à son manuel un *Ars obligatoria* qui détermine les règles de la dispute. Cette technique oratoire présente l'avantage au XIVe siècle de pouvoir être utilisée de façon rusée. Elle constitue ainsi un moyen d'introduire, « en vue de la discussion », des thèses que l'on approuve secrètement, mais que l'on est par ailleurs prêt à révoquer : des thèses que, avec une « ruse de renard », l'on se permet de soutenir ainsi [1].

2) Néanmoins, la thèse de la « centralité » de la dialectique peut être discutée de façon plus radicale qu'en relativisant simplement son importance, c'est-à-dire en la secondarisant : dans le cadre d'une critique de la notion de dialectique. Chez Kant, la méthode dialectique n'a rien d'objectif, au contraire, puisqu'elle caractérise les pensées, tant dogmatiques que sceptiques, qui affirment une connaissance au sujet d'objets situés hors de l'expérience possible. Plus qu'une méthode, la dialectique désigne alors une tendance à énoncer des propositions sans examiner si de telles affirmations sont légitimes, qui est une tendance à l'inconditionné. Pour sortir de l'aporie constituée par les antinomies auxquelles ce penchant dialectique donne lieu, Kant propose une autre méthode de recherche, la critique du pouvoir de connaître. On notera que la solution ne vient pas d'une nouvelle doctrine, d'une nouvelle philosophie, mais d'une nouvelle méthode. Dans ce cadre critique, la dialectique pourrait sembler une mauvaise méthode. L'argument kantien est néanmoins bien plus subtile car il confère malgré tout une relative objectivité à cette tendance.

1. *Ibid.*

En effet, Kant distingue soigneusement l'apparence logique, qui relève de l'erreur, liée à des paralogismes et l'apparence transcendantale qui est le fruit d'une dialectique constitutive de la raison. La première procède d'une erreur dans l'application des principes, d'un défaut d'attention à la règle logique. Elle est donc possible et aisée à corriger et à supprimer. L'application correcte de la règle la fait disparaître. La seconde au contraire constitue une illusion naturelle et inévitable, qu'il faut certes combattre mais qu'il est impossible d'éradiquer. Cette apparence est le fait d'une dialectique de la raison pure et est l'objet spécifique, dans *La Critique de la raison pure*, de la « Dialectique transcendantale ». L'apparence dialectique tient à ceci qu'il y a au cœur de la raison une tendance à tenir des règles et maximes qui lui sont propres (et qui implique la position de totalités) pour des principes objectifs de la connaissance (alors que la connaissance possible exige que l'objet soit donné à l'intuition, ce qui ne se peut pour nulle totalité). Par conséquent, la raison infère de la nécessité d'une liaison subjective de ses concepts des déterminations qui seraient objectivement celles de la chose en soi. Ainsi, par exemple, la proposition « le monde doit avoir un commencement dans le temps » constitue une apparence produite par une dialectique de la raison (tout comme la proposition contraire selon laquelle le monde ne possède aucun commencement dans le temps).

En effet, d'une part, la catégorie de monde, comme totalité, ne correspond à aucune expérience possible. Ce n'est pas pour nous alors un objet de connaissance mais une idée de la raison. D'autre part, la catégorie de la causalité régit le monde des phénomènes, dans lequel nous ne connaissons d'effet que présupposant une cause antérieure. La raison prise dans son désir de totalité et d'inconditionné pose des causes premières, des commencements absolus, comme lorsqu'elle déclare que le monde doit avoir un commencement dans le temps. Ce désir cependant ne nous livre rien qui soit par nous connaissable car nous n'avons aucun moyen de connaître une chose qui serait première. Il y a là une apparence logique : l'affirmation est séduisante mais procède d'une transgression des limites de la connaissance possible. Les choses connaissables sont ordonnées par la causalité conditionnelle dans laquelle il n'y a pas de cause première, où la totalité des conditions ne peut être donnée.

La nature de la raison, qui la fait tendre à l'inconditionné et prendre pour des déterminations objectives ce qui relève de son fonctionnement subjectif va engendrer une dialectique stérile, d'où ne sortira aucune connaissance :

> Il y a donc une dialectique naturelle et inévitable de la raison pure ; je ne veux point parler de celle où s'embarrasse un ignorant (*ein Stümper*), faute de connaissances, ni de celle que des sophistes ont fabriquée ingénieusement pour tromper les gens raisonnables, mais de celle qui est inséparablement liée à la raison humaine et qui, même après que nous en avons découvert l'illusion, ne cesse pourtant pas de se jouer d'elle et de la jeter inlassablement en des erreurs momentanées qu'il faut constamment dissiper [1].

La dialectique possède donc déjà chez Kant, une certaine objectivité, puisqu'elle se révèle constitutive de la raison humaine. Tout en étant maîtresse d'erreur et de fausseté, inéluctablement vaine – sa curiosité spécifique demeure impossible à satisfaire – cette dialectique porteuse d'apparences demeure insuppressible. Cette puissance d'illusion

---

1. Kant, *Critique de la raison pure*, Paris, P.U.F., p. 253-254.

participe malheureusement pour Kant de la nature des facultés de l'esprit... La critique est profonde si la dialectique est « logique de l'apparence » et non logique de la vérité. Mais celle-ci est complexe car elle situe le dispositif d'apparence au sein même de la raison, offrant ce faisant une redéfinition du concept de raison et du rapport entre les facultés.

La raison n'est plus cette faculté qui permet de nous garder des illusions qui procèdent par exemple d'un exercice déréglé de l'imagination mais devient elle-même source d'illusion. Si l'apparence – et sa logique, la dialectique – se rencontre dans la raison elle-même, il en résulte, d'une part, une certaine prudence à l'égard de la raison, qui se transformera en méfiance après Kant dans une certaine postérité et, d'autre part, le fait que le garant du vrai et de la certitude sera plutôt le travail auto-limitatif de l'entendement, quoique, comme « pouvoir des principes » l'exercice de la raison reste indispensable à la connaissance.

Le retour au dialogue ? Dialogue et dialectique

Enfin, certains ont émis le désir et exprimé la nécessité de revenir, à rebours du sens objectif de la dialectique, celui qui en fait un mouvement des « choses mêmes », à ce qui aurait été son sens initial : le dialogue. Tout se passe alors comme si on voulait maintenant dénouer le nœud qui attachait les deux dimensions de la dialectique dégagées par Platon à la suite de Socrate : l'art du dialogue et la recherche de l'anhypothétique. Ces deux aspects ont le plus souvent été exploités séparément, voire opposés l'un à l'autre. Les penseurs de la dialectique ont pu vouloir jouer le dialogue contre la science dialectique ou la science dialectique contre le dialogue.

1) Hegel, par exemple, a très clairement élu comme dialectique véritable le sens objectif attaché à la science

dialectique et qualifié d'interprétation subjective la dialectique comme dialogue. Dans la partie des *Leçons sur l'histoire de la philosophie* dédiée à la philosophie grecque, et dans la section plus spécialement consacrée à Socrate, Hegel analyse l'ironie socratique qui se joue dans le dialogue comme «la forme subjective de la dialectique»[1]. Il propose une redescription de la méthode socratique qui amène à identifier chez Socrate la dialectique avec un type de rapport intersubjectif, avec «une manière de se comporter avec autrui». Pour Hegel, Socrate, cherchant à éveiller la méfiance de ses interlocuteurs à l'égard de leurs présupposés, surtout quand il s'agit de jeunes gens, les presse, «avec une apparence de naïveté», de livrer leurs représentations sur un sujet. Il fait donc comme s'il ignorait tout, ignorance feinte selon Hegel, quoique le savoir ne soit pas d'après lui le but de Socrate et que le dialogue échoue à élaborer une science. Cette disposition à l'égard d'autrui, voilà l'ironie socratique et la dialectique dans sa forme "subjective". Elle permet à Socrate de faire apparaître au fil du dialogue et par ses questions la ou les contradictions dont est porteuse la représentation de son interlocuteur, le fait, comme dit Hegel, que «le contraire d'elle y était impliqué». À cela tient, à ses yeux, la grandeur de l'ironie socratique, dans le fait qu'elle offre un des premiers développements et concrétisations des représentations abstraites. On pourrait contester à la fois l'identification de l'ironie et de la dialectique, d'une part, et, d'autre part, l'idée hégélienne selon laquelle l'ignorance de Socrate est feinte et constitue une posture.

Cette forme «subjective» de la dialectique que constitue le dialogue est, selon Hegel, en défaut à plusieurs égards.

1. Hegel, *Leçons sur l'histoire de la philosophie*, II, *La philosophie grecque. Des sophistes aux socratiques*, Paris, Vrin, 2007, p. 287-289.

D'abord, elle consiste dans une façon de se disposer à l'égard d'autrui, une manière de stratégie d'interlocution. Ensuite, elle ne donne pas lieu à un enseignement au sens d'un savoir ou d'une science constitués. C'est pourquoi il faut chercher ailleurs la dialectique de la science, dans les choses mêmes et non dans les discours et les relations, dans une pratique de la philosophie qui contribue à un système de la science. Ce sera le sens objectif, ou pour être plus exact, subjectif-objectif, de la dialectique.

2) Au contraire, nombreux sont ceux à avoir appelé à un retour au dialogue pour rompre avec les errements de la science dialectique et retrouver les sources de la dialectique. Nous n'en évoquerons brièvement que deux exemples :

Dans ses Carnets de 1970-1971 publiés en 1984 dans *Esthétique de la création verbale*, Mikhaïl Bakhtine esquisse cette opposition entre deux régimes de discours et même deux approches de la rationalité : « Dialogue et dialectique. Le dialogue, on lui enlève ses voix (séparation des voix), ses intonations (émotive-personnalisées), le mot vivant et la réplique, on en prélève des notions abstraites et des raisonnements. On tasse le tout dans une conscience abstraite, et on obtient la dialectique »[1]. D'un côté, le dialogue impliquerait des protagonistes engagés tout entiers dans une discussion tendue qui à la fois jouent le jeu du dialogue, n'essaient pas de se soustraire à la discussion, mais qui ne sont pas non plus des interlocuteurs acquis, prêts à tout accorder à l'autre discutant. À cet égard, la dialectique est perçue comme une trahison de l'esprit du dialogue, s'il s'agit d'un logos anonyme, solitaire, qui

---

1. M. Bakhtine, « Les Carnets (1970-1971) », p. 349-377, *Esthétique de la création verbale*, Paris, Gallimard, p. 368.

monologue sans confrontation à un répondant. On pourrait répondre à cette accusation en dégageant le dialogue interne qu'implique le développement dialectique du contenu par exemple chez Hegel. Mais cette interprétation alimente, chez Bakhtine et chez d'autres, l'opposition, à la faveur du premier, entre deux régimes de discours : dialogisme et monologisme. Plus profondément, on a opposé deux pensées de la rationalité : un logos dissocié, divisé, ouvert à des variations et à des différences, auquel serait adossé le véritable dialogue, et un logos plein, un, sans fissure, animé par une dialectique immanente...

Dans *The Way of Love*, , Luce Irigaray poursuit une des idées qui parcourt son œuvre, selon laquelle la culture de l'amour de la sagesse dans la philosophie occidentale lui aurait fait oublié la sagesse de l'amour. Invoquer l'amour et en appeler à une philosophie au féminin implique à ses yeux de valoriser l'intersubjectivité, l'attention au moment présent et le dialogue dans la différence. Discutant des pensées de Hegel et de Heidegger, elle en appelle elle aussi à un déplacement de la dialectique au dialogue, du langage à la parole. La reconnaissance que l'intervalle qui me sépare d'autrui ne peut jamais être surmonté[1], sonnerait le glas de la dialectique et ouvrirait la voie du dialogue. L. Irigaray voulait ainsi suggérer la possibilité d'une éthique de la différence sexuelle dans laquelle la position ou place du sujet féminin donnerait lieu à une nouvelle façon de penser les relations de l'identité et de la différence, le rapport entre nature et culture d'une façon non englobante, c'est-à-dire sans que l'un des termes soit subsumé sous l'autre.

---

1. L. Irigaray, *The Way of Love*, London, Continuum, 2002, p. 66.

LA VALIDITÉ DE LA DIALECTIQUE

Après celle de l'objectivité de la dialectique, se pose naturellement la question de la validité de la notion même de dialectique. Quel crédit lui accorder quand elle est présentée, comme on l'a mentionné évoquant les analyses de Rorty, Levinas et Lyotard, comme rhétorique ou bien dénoncée comme dispositif non-éthique, ou encore comme discours englobant qui occulte la réalité et l'irréductibilité de tous les autres types de discours et pensées ? Le questionnement doit alors affronter deux directions possibles de la critique :

Un monde ou des mondes non-dialectiques

Le fait, d'abord, d'en contester le bien-fondé, faisant valoir soit que les choses ne s'ordonnent pas selon une forme dialectique soit qu'elles ne doivent pas se conformer à un tel modèle. Cette critique-là fait valoir l'inadéquation du cadre dialectique en vertu du caractère non-dialectique de tel ou tel phénomène du monde. On pourrait ici prendre l'exemple de la contestation par Jean Baudrillard de l'existence d'une dialectique dans les sociétés primitives. Il déclare ainsi dans *Le Miroir de la production* : « il n'y a *pas de mode de production ni de production* dans les sociétés primitives, il n'y a *pas de dialectique* dans les sociétés primitives, il n'y a *pas d'inconscient* dans les sociétés primitives. Tout ceci n'analyse que nos sociétés régies par l'économie politique »[1]. Le concept de dialectique constitue à ses yeux l'un des concepts critiques que la pensée marxiste a voulu universaliser, alors même que ceux-ci étaient faits pour rompre avec l'université abstraite de la pensée

---

1. J. Baudrillard, *Le Miroir de la production, ou l'illusion critique du matérialisme historique*, Paris, Galilée, 1985, p. 49.

« bourgeoise », et qui ont perdu, de ce fait, leur caractère à la fois analytique et critique pour prendre une tournure religieuse. L'analyse critique marxiste serait devenue impérialiste en projetant sur chaque société les schèmes dialectique et productif qui valent dans les sociétés industrialisées. Cet ethnocentrisme conduit à voir dans les sociétés primitives, à la faveur aussi d'un structuralisme rétroactif, des rapports dialectiques de production. Le concept de dialectique serait alors une hypothèse interprétative valable dans certains contextes mais jamais la traduction du mouvement de l'univers dans son ensemble. Ainsi quand la dialectique devient un concept canonique, elle perd sa pertinence, quand on essaie par exemple d'y conformer toutes les sociétés possibles. Affirmer qu'il n'y a pas de dialectique dans les sociétés primitives caractérise une manière de critiquer le concept de dialectique en invoquant son application simplement *locale* et en rejetant son usage généralisé, jugé impropre, concernant certains domaines de la réalité, ici certaines sociétés.

Un être de discours, une impossibilité logique

La seconde ligne critique, ensuite, accuse la dialectique de n'être qu'un mot, sans contenu conceptuel rigoureux, voire d'être un monstre logique, une idée contradictoire. Elle s'applique moins à l'inadéquation du modèle dialectique qu'à ses contradictions internes. Par exemple, on fait valoir contre la pensée dialectique hégélienne que celle-ci repose sur une négation inadmissible du principe de non-contradiction. En effet, Hegel a affirmé que la vérité se situait du côté de l'unité dialectique des contradictoires et non du côté du « ou bien ou bien » de la pensée d'entendement. Or, ce rejet du principe de non-contradiction à la faveur, chez Hegel, d'une logique de la contradiction, pose problème puisque cette dernière renverse ce dont Aristote avait fait le principe de tout discours sensé sur la réalité et de toute démonstration, à savoir qu'« il est impossible que les propositions contradictoires soient vraies, en même temps, du même sujet… »[1] ou qu'« il est impossible que le même attribut appartienne et n'appartienne pas en même temps, au même sujet et sous le même rapport »[2].

Certes, quelques logiciens ont affirmé la possibilité d'une logique ne reposant pas sur le principe de non-contradiction. On ne peut ignorer les tentatives de formalisation de la logique *hégélienne* initiées par certains[3]. Ces tentatives ne sont pas légions et ces logiques-là restent marginales. Mais la négation du principe de non-contradiction constitue néanmoins le cœur de la polémique épistémologique contre la dialectique. L'analyse conduite par K. Popper dans le chapitre « Qu'est-ce que la dialectique ? » de *Conjectures et Réfutations*, est à cet égard remarquable. Partant de l'idée que la méthode qui préside au développement de la pensée humaine, dans les sciences et la philosophie en particulier, est la méthode des essais et erreurs, Popper propose d'évaluer la validité de la méthode dialectique. Que penser de l'affirmation selon laquelle le progrès de la pensée s'effectue sur un mode dialectique ? Selon Popper, dans son acception « moderne », la dialectique est une

---

1. Aristote, *Métaphysique*, tome 1, Paris, Vrin, 1991, Γ, 6, p. 151.

2. *Ibid.*, G, 3, p. 121-122.

3. Voir G. Guenther, M. Kosok, F. G. Asenjo et D. Dubarle, « Logique formalisante et logique hégélienne », p. 113-159, *Hegel et la pensée moderne*, Paris, P.U.F, 1970. Y. Gauthier, « Logique hégélienne et formalisation », p. 151-165, dans *Dialogue*, volume VI, 1967, n°2, p. 162. Mais aussi N. Da Costa, « On the Theory of Inconsistent Formal Systems », p. 497-510, dans *Notre-Dame Journal of Mathematical Logic*, 11, 1974; *Logiques classiques et non classiques*, Paris, Masson, 1997. On peut aussi consulter de E. E. Harris, *Pensée formelle, transcendantale et dialectique*, Lausanne, L'Âge d'Homme, 1989.

théorie qui soutient que les choses se développent sous la forme triadique d'une thèse, d'une antithèse et d'une synthèse, sachant que la synthèse peut à nouveau être prise comme une thèse et susciter une nouvelle antithèse et une synthèse de niveau supérieur... Popper ne nie pas que ce modèle puisse servir à décrire certaines étapes de l'histoire de la pensée, l'évolution des théories et certains mouvements sociaux. Pourtant, si elle semble rejoindre par bien des aspects la méthode des essais et erreurs, Popper incite à la prudence et insiste sur ce qui les distingue. En effet, la méthode dialectique ne se contente pas d'engager une conception et sa critique, car la thèse mise en question n'est pas éliminée ou réfutée, comme c'est le cas dans la méthode des essais et erreurs ; mais elle donne lieu à une synthèse où ce qui était précieux en elle est conservé. S'il peut arriver que l'histoire des sciences et des idées ait procédé de la sorte, ce modèle ne possède pas pour Popper de portée générale. Par ailleurs, l'idée de synthèse demeure à ses yeux problématique puisque, pour contribuer au progrès de la pensée, celle-ci doit être porteuse de quelque chose de neuf à l'égard de la thèse et de l'antithèse...

Surtout, la méthode dialectique a d'abord le tort d'opérer à la faveur d'un certain nombre de métaphores qui sont pour Popper contestables, celle par exemple selon laquelle la thèse « produirait » l'antithèse, ou la thèse et l'antithèse « produiraient » la synthèse. L'idée est selon lui fallacieuse car la critique et la solution théorique n'ont rien d'automatiques et dépendent de l'inventivité de certains esprits, de notre volonté de résolution, si bien que l'histoire de la pensée est pleine de conflits vains, où la thèse et l'antithèse en présence n'ont rien « produit » du tout. Popper récuse en fait la théorie du développement interne, celle, dans le langage hégélien, de l'auto-déploiement du contenu, si bien que la dialectique ne peut

jamais être une théorie du monde, mais, dans la faible sphère
d'influence qui est la sienne, simplement une conception de
certains développements de la pensée (théories, processus
historiques). Popper récuse lui-même le sens ontologique de la
dialectique, raillant par exemple le célèbre exemple pris par
F. Engels pour illustrer le processus dialectique, celui du grain
d'orge qui représente la thèse :

> Si un grain d'orge de ce genre trouve les conditions qui lui
> sont normales, s'il tombe sur un terrain favorable, une
> transformation spécifique s'opère en lui sous l'influence de la
> chaleur et de l'humidité, il germe : le grain disparaît en tant
> que tel, il est nié, remplacé par la plante née de lui, négation du
> grain. Mais quelle est la carrière normale de cette plante ?
> Elle croît, fleurit, se féconde et produit en fin de compte de
> nouveaux grains d'orge, et aussitôt que ceux-ci sont mûrs, la
> tige dépérit, elle est niée pour sa part. Comme résultat de cette
> négation de la négation, nous avons derechef le grain d'orge
> du début, non pas simple, mais en nombre dix, vingt, trente
> fois plus grand [1].

Ces illustrations imprécises relèvent pour Popper du
simple jeu de mot. Ensuite, la méthode dialectique est porteuse
des malentendus les plus graves concernant la contradiction.
Certes, sans la contradiction comprise comme critique, il n'y a
pas d'évolution des théories, pas de progrès intellectuel.
Comprise de la sorte la contradiction est extrêmement féconde.
Le problème est pour Popper que les dialecticiens vont bien
plus loin en affirmant que les contradictions apparaissent
partout et qu'il ne faut pas chercher à les éviter, justement car
elles sont fécondes. Invoquant la fécondité des contradictions,
les dialecticiens prônent alors la suppression du principe de la

---

1. F. Engels, *Anti-Dühring, op. cit.*, p. 165.

logique traditionnelle, le principe de contradiction, disant initier ainsi une logique nouvelle – de nature dialectique.

C'est là une démarche absolument illégitime selon Popper pour qui la contradiction ne peut jamais être acceptée mais simplement faire apparaître la fausseté d'une théorie et nous inciter à la modifier. Accepter la contradiction serait éliminer la possibilité de la critique et ainsi ruiner la science. La contradiction représente alors par définition l'inadmissible, si bien que l'accepter signifie proprement renoncer à toute activité scientifique. Il l'argumente en démontrant que « *si l'on admet deux propositions contradictoires, il faudra souscrire à n'importe quelle proposition*, car à partir d'un couple de propositions contradictoires, on peut inférer, de manière valide, n'importe quelle proposition » [1]. Il en déduit qu'une théorie qui admet une contradiction est stérile ou est, en tant que telle, inutilisable, puisqu'elle ne permet pas de conclure quoi que ce soit de déterminé.

Pour Popper, la dialectique n'a donc aucune parenté avec la logique car celle-ci n'a aucun rapport avec la déduction [2]. Prendre la dialectique pour une logique procède d'une confusion alimentée par des formulations équivoques comme « négation de la négation », « tendance contraire », « intérêt opposé », etc. D'une façon générale, conclut Popper, la philosophie ne peut pas être ainsi placée au fondement d'un système scientifique et les philosophes doivent plus modestement que ne l'ont fait les dialecticiens s'employer à « l'analyse des méthodes critiques que fait intervenir la science » [3].

1. K. R. Popper, *Conjectures et réfutations. La croissance du savoir scientifique*, Paris, Payot, 1985, p. 463.
2. *Ibid.*, p. 469.
3. *Ibid.*, p. 489.

C'est pourquoi la dialectique possèderait comme seule validité d'être une théorie empirique descriptive, valable seulement dans certains cas où peut s'appliquer le schéma triadique. En outre, jamais le raisonnement scientifique lui-même n'est fondé sur la dialectique, mais uniquement parfois l'évolution des théories scientifiques, et celui des théories philosophiques peuvent être décrits en termes dialectiques[1]. Mais il serait d'une façon générale meilleur de lui préférer toujours la méthode par essais et erreurs.

UNE OU DES DIALECTIQUES ?

Pourtant, les difficultés auxquelles se trouve exposée la dialectique hégélienne du fait de sa remise en cause du principe de non-contradiction sont loin de concerner l'ensemble des pensées philosophiques de la dialectique, ce qui nous met sur la voie du troisième problème que nous voudrions soulever.

D'autre part, la dialectique hégélienne associe la dialectique à une forme ternaire (la triplicité étant la forme de la raison), quoique Hegel fasse aussi la critique de cette numération formelle des moments du processus dialectique. Dans la *Doctrine du concept*, il prend pour cible la représentation formaliste du mouvement dialectique qui consiste à en dénombrer les étapes. Certes, « si après tout l'on veut *compter* »[2], on peut parler pour la dialectique aussi bien de triplicité que de quadruplicité. Mais, ce dénombrement des moments reste une vue superficielle et extérieure de la manière de connaître. En effet, il échappe à ces deux schèmes ou schémas que le dernier moment ou terme, l'immédiat devenu, ne fait pas *nombre* avec

1. K. R. Popper, *Conjectures et réfutations*, *op. cit.*, p. 478.
2. Hegel, *SL3*, p. 383.

les autres mais constitue la position de leur unité. Certes, la valeur de la triplicité est grande pour Hegel mais elle ne peut être saisie conceptuellement par le dénombrement. Tout le problème vient alors de l'interprétation formalisante de la triplicité :

> Le formalisme s'est certes emparé également de la triplicité, et s'en (est) tenu au *schéma* vide de cette même (triplicité) ; les inconséquences plates et la misère de ce que l'on appelle le *construire* philosophique moderne, qui ne consiste en rien qu'à accrocher partout ce schéma formel, sans concept ni détermination immanente, et à [l'] utiliser pour un acte-de-mettre-en-ordre extérieur, a rendu cette forme ennuyeuse et de mauvaise renommée [1].

Cette triplicité dialectique est d'ailleurs la clef de la critique du principe de non-contradiction. Pour Hegel, la synthèse ne peut être obtenue en partant d'un modèle binaire mais seulement grâce à la médiation. D'où sa critique de Fichte : Hegel reproche d'ailleurs à Fichte non l'ambition synthétique et le principe de réconciliation mais l'inadéquation de ses principes et méthode à ce projet et son échec à produire cette synthèse avec sa conception logico-mathématique de la dialectique : « Chez *Fichte*, règne toujours la nécessité selon laquelle le Moi doit venir à bout du *Non-Moi*. On ne parvient ici à aucune unité véritable de ces deux côtés ; cette unité reste toujours seulement une unité qui *doit être*, parce qu'on fait originellement la présupposition fausse que le Moi et le Non-Moi sont, dans leur état de *séparation*, dans leur *finitude*, quelque chose d'*absolu* » [2]. Or, bon nombre de pensées

---

1. *Ibid.*, p. 384.
2. Hegel, *Encyclopédie des sciences philosophiques*, III, *Philosophie de l'esprit*, Paris, Vrin, 1988, Add. § 415, p. 521. (désormais *E3*)

dialectiques supposent au contraire un modèle binaire ou dual.
Qu'on pense aux antinomies auxquelles la raison kantienne est
spontanément et inévitablement conduite par cette dialectique,
logique de l'apparence, qui l'anime et la pousse vers l'inconditionné. Qu'on songe aussi chez Kierkegaard aux alternatives
et aux paradoxes que cultive la dialectique qu'il promeut,
une dialectique ironique, propre à l'entendement, interrogative
et critique. Il y a encore bien d'autres modèles dialectiques.
Comme celui du schème de la «synthèse quintuple» qui
supporte la dialectique chez un certain Fichte, et dont Hegel
s'efforce de distinguer sa conception de la dialectique.

Cela permet de soulever un autre problème relatif à la
notion de dialectique. Le terme, employé au singulier, est
trompeur car il occulte souvent la diversité des conceptions
de la dialectique dans l'histoire de la philosophie. En effet,
on pourrait demander avec raison : qu'y a-t-il de commun
entre l'art socratique du dialogue ou la maïeutique, la recherche platonicienne de l'anhypothétique, objet de la science
suprême, l'examen critique des *endoxa* chez Aristote, la
logique de l'apparence chez Kant, « l'âme propre du contenu »
chez Hegel, la culture kierkegaardienne du paradoxe, la
production historique de l'homme par lui-même chez Marx,
la conscience maintenue de l'hétérogène chez Adorno, *etc.* ?
Toutes ces réalités sont désignées par les auteurs qui en font la
théorie comme des dialectiques. On pourrait en citer bien
d'autres exemples dans l'histoire des idées, allongeant singu-
lièrement la liste : chez Saint-Thomas, mais aussi chez
Schleiermacher (*Dialectique. Pour une logique de la vérité*),
chez Feuerbach, chez Lukács (*Histoire et conscience de
classe*), chez Sartre (*Critique de la raison dialectique*), *etc.*
Certes, ces auteurs qualifient souvent la dialectique qu'ils
travaillent à concevoir : dialectique « de la raison », dialectique

« matérialiste » ou « historique », dialectique « négative », *etc.* Pourtant, impossible de croire qu'il s'agit de simples déclinaisons de la même réalité dans des champs divers. Ces dialectiques servent à penser et décrire des phénomènes distincts.

Cette pluralité des conceptions de la dialectique découle de notre remarque liminaire. La dialectique constitue le plus souvent une catégorie technique de la philosophie et engage de ce fait un rapport réflexif de telle philosophie à elle-même par lequel celle-ci se définit et se distingue. De ce fait, cette catégorie rencontre assez naturellement des déterminations différentes dans le cadre des différents systèmes de pensée et on pourrait ainsi faire la liste des définitions successives qui ont été fournies de la catégorie de dialectique au cours de l'histoire de la philosophie.

Des dialectiques concurrentes

Se pose alors la question de l'unité de la dialectique. Tous ces concepts de dialectique ont-ils quelque chose en commun, une propriété commune ou bien ne partagent-ils qu'un nom ? Cela soulève plusieurs difficultés. En effet, dans le premier cas, s'il y a un noyau commun aux différentes pensées de la dialectique, qui justifie l'emploi d'un même terme, on est confronté au fait que certaines de ces pensées de la dialectique constituent la récusation ouverte d'autres versions de la dialectique. Nous prendrons quelques exemples.

D'abord, quelle communauté dégager entre dialectique platonicienne et dialectique aristotélicienne ? En effet, alors que Platon identifie dialectique et philosophie première, Aristote distingue, lui, la dialectique de la philosophie première. En outre, la dialectique aristotélicienne, qui grâce à l'examen des *endoxa*, opinions partagées, permet de dégager les principes communs des sciences, d'exhiber leur valeur de vérité, ce que celles-ci par définition ne peuvent faire, induit une réévaluation de l'opinion : son examen fait accéder médiatement au savoir des principes. La dialectique platonicienne au contraire présente l'opinion comme ce qui nous coupe de la vérité et ce qu'il faut écarter.

Quel point commun ensuite entre la dialectique de la raison chez Kant et la logique dialectique hégélienne ? En effet, quand la première – logique de l'apparence – nous brouille avec le savoir en faisant verser l'esprit dans des antinomies dont il ne peut sortir, la seconde constitue la chance d'une connaissance véritable. Quand la première signe l'impossibilité d'une connaissance inconditionnée, la seconde se donne comme la méthode du savoir absolu…

Comment, par ailleurs, dire que dialectique hégélienne et dialectique kierkegaardienne possèdent un noyau commun quand la seconde se présente comme la réfutation de la première ? La dialectique chez Kierkegaard se définit en effet par opposition à celle de Hegel. Là où celle-ci réduit systématiquement toutes les « verticalités », c'est-à-dire toutes les transcendances qui déchirent indûment le réel, pour les ramener dialectiquement dans l'immanence, Kierkegaard creuse ces mêmes verticalités (rationnel / réel, être / pensée, interne / externe, absolu / relatif, etc.), refusant toute effectuation de l'absolu dans le relatif dans la figure de la totalité, en raison de l'absurdité de tout « système de l'existence », au regard des discontinuités, césures et heurts qui la constituent :

> Tout le monde sait que la philosophie hégélienne a levé le principe de contradiction […]. Hegel a tout à fait et absolument raison en ce que, du point de vue de l'éternité, *sub specie aeterni*, dans le langage de l'abstraction, il n'y a point d'*aut-aut*, dans la pensée et l'être purs ; comment diable pourrait-il y en avoir, puisque l'abstraction éloigne justement la contra-

diction, si bien que Hegel et les hégéliens devraient plutôt se donner la peine de nous indiquer ce que signifie cette comédie d'introduire dans la logique la contradiction, le mouvement, le passage, etc. Les défenseurs de l'alternative ont tort quand ils font des incursions dans le domaine de la pensée pure et veulent y défendre leur cause. [...] D'un autre côté Hegel a tout aussi complètement tort quand, oubliant l'abstraction, il la quitte et se précipite dans l'existence pour supprimer de vive force l'alternative. Ceci en effet ne peut se faire dans l'existence, car alors on supprime l'existence[1].

Il oppose à la dialectique hégélienne l'irréductibilité des alternatives. À ses yeux, les individus créés par Dieu sont seuls face à leur Créateur, comme le relatif face à l'Absolu. Ce face à face exclut toute commune mesure entre l'éternel et le temporel, l'absolu et le relatif qui ne cessent jamais de former une alternative sans alternative[2].

Parenté des dialectiques et héritage

L'hétérogénéité de ces dialectiques – voire leur complète opposition – saute aux yeux. Comment défendre alors leur parenté? Certes, on peut localement justifier un héritage, une transmission conceptuelle. Ainsi, Hegel rend néanmoins hommage à Kant d'avoir saisi la vraie nature de la raison que les philosophies d'entendement avaient trop souvent ignorée. Celui-ci aurait en effet pressenti que la raison est faculté dialectique, faculté qui a pour but de penser les contradictions alors que l'entendement pense les jugements unilatéraux.

---

1. S. Kierkegaard, *Post-scriptum aux miettes philosophiques*, Paris, Gallimard, 1989, p. 259.
2. S. Kierkegaard, *Miettes philosophiques, Le concept de l'angoisse, Traité du désespoir*, Paris, Gallimard, 1990, *Concept de l'angoisse*, Introduction, p. 167.

D'après Hegel, Kant a donc mis la philosophie sur la voie de la reconnaissance de l'objectivité de la dialectique qui n'a rien d'une méthodologie de l'argumentation, extérieure à ce qu'elle dialectise. En effet, la logique de l'apparence est chez Kant naturelle : les contradictions de la raison procèdent d'une tendance à l'inconditionné. Il y va donc de la nature de la raison. Hegel, comme on l'a dit, marque nettement la non-extériorité de la dialectique en affirmant que la négativité de l'être « n'est pas extérieure à l'être, mais est sa propre dialectique »[1].

Deuxième exemple : le rapport de Marx à la dialectique hégélienne. Quoiqu'il en transforme tout à fait la signification, Marx dit néanmoins sa dette à l'égard de la dialectique hégélienne :

> J'ai critiqué le côté mystificateur de la dialectique hégélienne il y a près de 30 ans, à une époque où elle était encore à la mode. Mais au moment même où je rédigeais le premier volume du *Capital*, les épigones grincheux, prétentieux et médiocres qui font aujourd'hui la loi dans l'Allemagne cultivée se complaisaient à traiter Hegel comme le brave Moses Mendelssohn avait, du temps de Lessing, traité Spinoza, c'est-à-dire en « chien crevé ». Aussi me déclarais-je ouvertement disciple de ce grand penseur [...]. La mystification que la dialectique subit entre les mains de Hegel n'empêche aucunement qu'il ait été le premier à en exposer les formes générales de mouvement de façon globale et consciente[2].

---

1. Hegel, *E1*, 1817, § 64, p. 215.
2. Marx, *Le Capital*, Postface à la deuxième édition allemande, Paris, P.U.F, 1993, p. 17-18.

Marx se réclame en un certain sens de Hegel. En particulier, une des « grandeurs » de Hegel est bien d'avoir pensé dans la dialectique, dans la négation de la négation, la production de l'homme par lui-même, à travers l'aliénation de soi et sa suppression. La dialectique hégélienne est aussi solidaire de la reconnaissance du rôle du travail humain (et c'est là « le point de vue de l'économie politique moderne »). Néanmoins, le travail dialectique, le travail du négatif, reste, chez Hegel, celui du Concept ou de l'Esprit. Celui-ci est abstrait pour Marx, quand il faut au contraire considérer « les hommes réels, agissants, tels qu'ils sont conditionnés par un développement déterminé de leurs forces productives et du mode de relation qui y correspond »[1].

On trouve ainsi chez Marx la distinction entre un noyau sain et solide de la dialectique et une enveloppe ou coquille inappropriée et mauvaise. D'où les projets de renversement de l'ordre de la méthode ou d'extraction du noyau, pour retrouver le fond de vérité, la trame substantielle de la pensée : « Chez lui elle est sur la tête. Il faut la retourner pour découvrir le noyau rationnel sous l'enveloppe mystique »[2]. Marx dit ainsi hériter de Hegel un schème génial, la dialectique, mais qui existe encore chez ce dernier sous une forme idéaliste mystifiée. Louis Althusser a bien montré que l'opération que Marx faisait subir à la dialectique n'avait jamais consisté à renverser la dialectique hégélienne, à en inverser l'ordre ou à isoler le système fautif de sa méthode brillante, à extraire la dialectique de sa bogue spéculative (c'est-à-dire par une inversion de

---

1. Marx, *L'Idéologie allemande*, Paris, Éditions sociales, 1968, p. 35.
2. Marx, *Le Capital*, Postface…, p. 17-18.

l'inversion)[1]. En effet, souligne Althusser, la gangue ou la bogue est consubstantielle à la dialectique dont elle est la forme mystifiée. Le problème ne gît pas alors dans l'usage hégélien de la dialectique, mais dans les structures qu'il lui donne, qui sont déterminées et contaminées par sa conception du monde et de la philosophie et de l'histoire. Le différend ne concerne pas l'orientation d'une méthode, mais sa nature ; et pour Althusser l'injonction véritable qu'on peut lire dans la *Postface* est celle d'une transformation des structures de la dialectique[2] : « La dialectique de Marx ne peut être que la dialectique hégélienne *transformée* »[3].

Un noyau commun dialectique ?

Pourtant, ces explications locales ne suffisent pas à étayer l'idée d'un noyau commun aux différentes dialectiques. Néanmoins, dans le cas de la seconde hypothèse, si toutes ces dialectiques n'ont d'unité que nominale, comment justifier l'emploi d'un même mot ? Pourquoi Platon, Aristote, Kant, Hegel, Kierkegaard, Marx, Adorno et bien d'autres parlent tous de *dialectique* ? S'ils voulaient viser des réalités complètement distinctes, pourquoi ne pas avoir employé un autre terme ? Ici le fait de soutenir que chacun d'entre eux a entendu ou prétendu donner la conception authentique, véritable de la dialectique ne suffit pas à dissoudre le problème, car celui-ci suppose une essence de la dialectique qui reste à définir. La récurrence de la catégorie de dialectique dans l'histoire de la

---

1. L. Althusser, « Contradiction et surdétermination (Notes pour une recherche) », p. 85-128, *Pour Marx*, Paris, La Découverte, 1986.

2. *Ibid.*, p. 92.

3. L. Althusser, « Sur le rapport de Marx à Hegel », p. 49-71, *Lénine et la philosophie*, Paris, Maspero, 1982, p. 59.

philosophie, soit le fait qu'on la trouve mobilisée dans des systèmes extrêmement différents voire tout à fait opposés, indique peut-être que la dialectique renvoie à un problème général, possède une valeur universelle, qui excède la question de la détermination particulière de la catégorie technique dans tel ou tel système au cours de l'histoire.

Se pose alors aussi la question de savoir quelles propriétés minimales engagent à employer le terme de dialectique. Répondre à cette question permettrait de disqualifier certains emplois illégitimes du concept. En effet, on a souvent l'impression que la notion est employée à tort et à travers, mais sans avoir toujours les moyens de justifier le caractère abusif de certaines occurrences. « Dialectique » est un terme auquel on a fait dire à peu près tout, c'est-à-dire aussi n'importe quoi, et dont l'emploi est le plus souvent très flou. On a usé et abusé du concept, en particulier dans les années 1950 en France avec le mouvement de « retour à Hegel »[1] et, dans les années 1950-70, avec le développement des mouvements communistes et des courants gauchistes se réclamant du matérialisme dialectique. Cette publicité excessive dont a bénéficié un temps la dialectique, publicité à laquelle a succédé le phénomène inverse d'oubli ou d'occultation, constitue malheureusement un écran qui gêne considérablement l'analyse du concept. Mais cela soulève aussi le problème du noyau conceptuel de la dialectique : y a-t-il des conditions minimales qui justifient l'emploi du terme et, quand celles-ci ne sont pas remplies, disqualifient son usage ?

---

1. L. Althusser, « Le retour à Hegel. Dernier mot du révisionnisme universitaire », 1950, p. 243-260, *Écrits philosophiques et politiques*, tome I, Paris, Stock-Imec, 1994, p. 245.

L'impossible fondement de la dialectique

Le fondement de la dialectique. Cet état des lieux permet d'attirer l'attention sur une autre difficulté relative au concept de dialectique. Le fait que tout soit dialectique et doive être dialectisé – situation dont l'hégémonie de la dialectique se faisait aussi l'écho – pose le problème de la légitimation de la dialectique et celui de son fondement. Parler de la dialectique comme principe général au détriment des dialectiques régionales, locales, ponctuelles, soulève la question de la justification d'une telle loi. Hegel déjà y a été confronté et c'est à l'impossibilité de fonder la dialectique comme loi générale, principe des principes, que ses détracteurs le confrontent. Il devient difficile de définir la dialectique lorsqu'on en fait le principe ultime de toute chose, « *l'âme propre* du contenu ».

Ce problème du fondement de la dialectique chez Hegel a déjà été soulevé par Heidegger. Si, pour Hegel, la question de l'être n'est qu'un moment abstrait (l'être n'est pas l'absolu), pour Heidegger, la dialectique échoue à se prononcer sur l'être même de la dialectique[1]. Ainsi, le Système ne pose pas toutes les questions et en omet au moins deux principales, ce que souligne le § 58 d'*Être et Temps*, où est examiné le caractère du *ne-pas* que comprend l'idée du « en-dette »/« en faute », idée qui surgit comme prédicat du « je suis » :

> Pourquoi toute dialectique cherche-t-elle refuge dans la négation sans la justifier *elle-même* dialectiquement et sans même pouvoir seulement la fixer *comme problème* ? A-t-on donc chaque fois posé le problème de la *source ontologique* de la négation ou n'a-t-on *auparavant* encore *cherché* que les

---

1. M. Heidegger, *Hegel, La négativité. Éclaircissements de l'Introduction à la* Phénoménologie de l'esprit *de Hegel*, Paris, NRF-Gallimard, 2007.

conditions auxquelles le problème du ne… pas et de sa négation et de sa possibilité se laisse poser ? Et où les trouvera-t-on
*sinon dans la clarification thématique du sens de l'être en
général*[1] ?

La dialectique hégélienne ne rendrait pas raison d'elle-
même : elle ne dévoile pas ontologiquement le ne…pas, ne
justifie pas la négation, n'en fait pas un problème. M. Blanchot,
lui aussi, au début de l'*Entretien infini*, soutient que la dialectique hégélienne ne questionne pas sa propre provenance, en
montrant que « la question d'ensemble », qui est la question
de la dialectique et qui prétend poser toutes les questions,
questionne tout hormis sa propre origine :

> Injustifiée donc, en ce sens qu'étant le mouvement par lequel
> elle s'engendre en dissolvant toute justification particulière,
> toute exigence d'intelligibilité théorique ou immédiate, la
> dialectique s'affirme comme la mise en question de tout, qui
> ne saurait être mise en question, puisque tout ce qui la conteste
> vient d'elle-même et revient à l'intérieur de cette contestation
> dont elle est le mouvement qui s'accomplit : indépassable
> dépassement[2].

Enfin, J. Derrida, lui aussi, fait cette remarque, dans *Glas*,
que, « âme propre du contenu », la dialectique ne peut plus être
une chose parmi les autres :

> On ne peut plus demander : qu'est-ce que l'*Aufhebung* ?
> comme on demandait : qu'est-ce que ceci ou cela ? ou quelle
> est la détermination de tel ou tel concept particulier ? L'être
> est *Aufhebung*. L'*Aufhebung* est l'être, non pas comme un état
> déterminé ou comme la totalité déterminable de l'étant, mais

---

1. M. Heidegger, *Être et Temps*, Paris, NRF-Gallimard, 1986, § 58, p. 343.
2. M. Blanchot, *L'Entretien infini*, Paris, Gallimard, 1997, p. 20.

comme l'essence « active », productrice de l'être. Elle ne peut donc faire l'objet d'aucune question déterminée. Nous y sommes sans cesse renvoyés mais ce renvoi ne renvoie à rien de déterminable [1].

L'existence d'une multiplicité de dialectiques locales permettrait au contraire d'éviter cette aporie du fondement d'une loi générale de l'être et de la pensée.

DIALECTIQUE ET CONTRADICTION

Certes, la saisie du « problème de la dialectique », problème qui excède la détermination locale et particulière de la catégorie technique ne va pas sans une compréhension de l'histoire de cette détermination car la variation de sens de la catégorie permet d'accéder à la formulation du problème. La situation de ce problème général de la dialectique possède un enjeu non négligeable. En effet, faute d'une telle formulation, la pensée court toujours le risque de prendre une détermination locale ou historique de la dialectique pour la notion générale et de faire de cette détermination particulière la mesure et le critère d'évaluation de ses autres occurrences dans l'histoire – ce qu'a fait d'une certaine façon Hegel en retraçant une histoire des conceptions de la dialectique menant au concept vrai de celle-ci, le sien, et évaluant chaque conception antérieure à l'aune de cet aboutissement.

Poser la question des propriétés minimales et du noyau commun des dialectiques dans l'histoire de la philosophie nous conduira à discuter des notions de « méthode » et de « processus ». Pourtant, c'est surtout la question du traitement de la différence qui s'avèrera déterminant. Merleau-Ponty dit

1. J. Derrida, *Glas*, Paris, Galilée, 1974, p. 42-43.

plutôt de la pensée dialectique qu'«elle comporte un élément de transcendance»[1]. Et Adorno a pu affirmer en ce sens que «la dialectique est la conscience rigoureuse de la non-identité»[2] et le traitement de cette non-identité, la difficulté étant pour lui la façon dont les philosophes ont souvent choisi de la traiter[3].

Nous irons plus loin en ramenant l'ensemble des pensées de la dialectique à un problème. En effet, de façons certes extrêmement différentes, souvent concurrentes, la dialectique se donne comme la manière de poser et de résoudre le problème soulevé en philosophie par la contradiction. La contradiction semble en effet être ce qui arrête la pensée, l'aporie, le signe du faux. Les pensées dialectiques paraissent avoir voulu livrer un autre diagnostic, impliquant une vérité, un sens ou du moins un usage positif possible de la contradiction, «une fécondité» de la contradiction dans le langage de Popper (qui la récuse) mais aussi celui de Merleau-Ponty qui en revendique l'existence[4]. Toutes se donnent alors pour objet d'étude ces contradictions qui viennent de l'opinion, du monde, de l'histoire, les paradoxes, antinomies, etc. Prenons quelques exemples pour illustrer cette thèse.

Contradiction, division et unité

La dialectique ne se limite pas à l'art du dialogue ou à la technique de la réminiscence dans le dialogue, elle possède pour ainsi dire chez Platon un «second degré»: c'est l'art de

---

1. M. Merleau-Ponty, *Résumés de cours (Collège de France, 1952-1960)*, Paris, Gallimard, 1968, 1955-1956: *La philosophie dialectique*, p. 82.
2. T. W. Adorno, *Dialectique négative*, Paris, Payot, 2003, p. 14.
3. *Ibid.*, p. 7.
4. M. Merleau-Ponty, *Résumés de cours*, *op. cit.*, p. 78-79.

résoudre la contradiction entre plusieurs hypothèses pour accéder à une vérité anhypothétique et pas seulement à une réfutation. En effet, comme il l'expose dans le livre VII de la *République*, tous les savoirs particuliers procèdent d'hypothèses. Ils sont donc conditionnés. L'arithméticien suppose la connaissance du nombre et ne répond pas à la question « qu'est-ce qu'un nombre ? ». Les savoirs particuliers présupposent donc la compréhension claire de leurs objets. La dialectique au contraire vise et « cherche à s'élever à l'anhypothétique », c'est-à-dire à ce qui est absolument suffisant, inconditionné, au savoir de ce que sont les choses, à la connaissance des Idées. Cette formulation est encore inadéquate car la dialectique ne saisit pas des objets qui seraient autres mais se découvre et se comprend plutôt elle-même dans cette démarche ascendante. Elle désigne alors la connaissance des Idées et de ce fait d'abord la science du Bien, Idée qui confèrent leur force et leur unité aux autres Idées, d'où la comparaison du Bien avec le soleil : le soleil donne la vie à tout ce qui est animé comme le bien rend possible qu'il y ait de l'intelligible et qu'il y en ait une vérité. La dialectique semble donc correspondre au savoir vrai – celui de l'anhypothétique. Ce savoir n'a rien d'immédiat ni d'ineffable et Platon insiste dans les derniers dialogues sur le fait qu'il exige la division et possède donc un caractère discursif. En effet, les dialecticiens sont ceux qui distinguent les choses selon leur genre suivant la méthode de la division.

Nous intéresse premièrement le fait que la démarche du dialecticien permet de dépasser la contradiction du réel car elle opère aussi comme une réduction : elle rassemble une multiplicité éparse et variable en cette unité invariable qu'est la forme ou l'idée. Un tel groupement signifie que la pensée a reconnu une parenté entre les choses ainsi groupées et leur dépendance naturelle et nécessaire à l'égard d'un terme unique qui est le principe de ce groupement. Contrairement au dialecticien, le plus souvent les interlocuteurs de Socrate ne manifestent pas cette capacité de synthèse, eux qui répondent à la question « qu'est-ce que x ? » par du multiple, par des exemples comme Hippias dans *L'Hippias majeur* qui, à la question de Socrate « Qu'est-ce que le beau ? », répond : « Par exemple : une belle fille ! ».

Pourtant, deuxièmement, cette intelligence qui dépasse les contradictions du multiple n'est pas que synthèse et ce dépassement n'est valable que si les choses sont connues selon leur genre, grâce à des divisions. Le *Phèdre* (265c-266c) décrit ces deux procédés de division et rassemblement qui seront utilisés par Platon de façon systématique dans *Le Politique* et le *Sophiste*. L'unité de l'idée apparaît alors comme une sorte d'unité organique dont il s'agit de reconnaître les articulations naturelles. De la sorte, on distingue les espèces, unités naturelles par l'intermédiaire desquelles l'esprit rejoint l'unité, non encore spécifiée... Le bon dialecticien est ainsi comparable à un boucher qui sait découper la pièce sans l'écharper. La dialectique n'est pas alors une puissance de synthèse qui nierait les différences mais ce qui donne accès à la forme pourvue de ses distinctions ou ramifications naturelles.

La juste division permet, grâce à la dialectique, de dépasser la contradiction du multiple. Ainsi la solution à l'épreuve de la contradiction du réel est-elle l'unité dans la différence. On retrouvera cette idée chez Hegel pour qui la dialectique permet de se garder de deux écueils. D'abord, la juxtaposition des déterminations isolées produite par la pensée d'entendement. La juxtaposition aboutit à un amas indifférencié de propriétés contradictoires dans lesquelles le concept ne peut se reconnaître. Ensuite, l'indistinction, *l'absence de composantes distinctes*. Pour se garder de cette dernière menace, un travail de division s'impose. Celui-ci tient son fondement de n'être pas extérieur mais d'épouser les articulations de la chose même (comme, dans le *Phèdre* de Platon, la méthode philosophique qui est comparée à la découpe d'un poulet suivant ses articulations). C'est pourquoi Hegel peut définir ainsi le travail philosophique de différenciation : « Une division philosophique n'est absolument pas une classification externe d'un matériau présent-là, faite d'après un fondement quelconque ou plusieurs fondements de division admis, elle est au contraire la division immanente du concept même »[1]. C'est pourquoi le travail dialectique exige tant de patience et de temps, car il faut se départir de la dualité, de la diversité et de la contradiction qui déchirent indûment le réel sans pour autant se priver de la différence qui, selon les articulations propres du contenu, lui offre une détermination sans laquelle il n'est qu'un milieu opaque, indistinct et compact.

Dialectique, contradiction et connaissance des principes

Dans le chapitre 2 du Livre I des *Topiques*, Aristote distingue plusieurs intérêts à l'étude de la dialectique. Celle-ci se révèle utile pour l'entraînement scolaire, dans les rapports avec autrui, pour une connaissance à caractère philosophique, et pour les sciences qui découlent de la philosophie, dans la recherche des principes. Pour les connaissances de caractère philosophique, il y a un intérêt à cette étude, celui d'apercevoir les conséquences de toutes les thèses les plus opposées. La philosophie suppose de ne pas se hâter de prendre parti mais de

---

1. Hegel, *PPD*, § 33 R, p. 143.

voir toutes les implications et les arguments des différentes thèses pour être à même de distinguer le vrai du faux.

Le dernier service que rend la dialectique intéresse plus spécifiquement les principes premiers de chaque science. La dialectique est alors ce qui permet d'accéder aux principes qui sont propres à chaque science. L'opinion semble inférieure à la science et le raisonnement dialectique au raisonnement scientifique. Pourtant, les sciences ne peuvent pas démontrer leurs principes. Le principe doit en effet être indéniable car sa négation est impossible. C'est une vérité première indémontrable. Mais comment les découvrir ? Comment trouve-t-on de telles vérités premières ? Il a bien fallu que la science découvre ses propres principes, il faut qu'elle soit fondée. Or, on demande une garantie pour le principe et pourtant il est contradictoire de vouloir le déduire. La recherche des principes ne peut pourtant pas s'appuyer sur une science quelconque ni sur les conséquences des principes. N'y a-t-il aucune voie d'accès vers les principes ? Il est pourtant une issue à cette difficulté qui semble d'abord inextricable.

Pour Aristote, s'offre à nous la possibilité de partir dialectiquement des opinions professées sur les choses particulières, autrement dit de partir du conflit des opinions. Il s'agit alors de montrer ce qui dans les opinions impliquerait contradiction de leur propre point de vue et de dégager les principes présupposés dans toutes les opinions en présence. On cherche ce qui est présupposé de commun dans toutes les opinions : ce qui est comme un principe. On part des opinions et on voit ce qu'elles impliquent de commun. Ce travail permet à la fois d'écarter les faux principes et de dégager les principes communs. La découverte de ce qui a valeur de principe se fait alors ainsi : il faut écouter ce qui se dit de contradictoire sur les choses en particulier, soit conduire un examen dialectique de la contradiction pour faire reconnaître la vérité du principe.

Ces opinions dont la dialectique conduit l'examen critique, Aristote les nomme les « *endoxa* », désignant les opinions partagées, communément admises, celles-ci pouvant l'être par différents types de personne ou de communauté (ce peut être les *endoxa* déjà énoncées par les plus savants dans un domaine de savoir, ce qui accroît leur crédit). Ainsi, la dialectique est liée à la doxographie. C'est là proprement la méthode employée par Aristote au début de chacun de ses traités. Chaque fois qu'il cherche une vérité première pour la connaissance d'un domaine, il part des opinions contraires sur le sujet, et il fait l'inventaire des opinions ou des difficultés concernant un sujet. Par exemple, dans la Première partie du *De anima*, l'examen qui porte sur l'âme débute par celui des « opinions de nos devanciers qui ont professé quelque doctrine à son sujet, afin de tirer profit de ce qu'elles auront de juste, et d'éviter ce qui ne l'est pas »[1].

Dans la *Métaphysique* (Γ, 2, 1004 b15-16), Aristote insiste sur cette fonction périastique de mise à l'épreuve des opinions qu'il distingue de la fonction gnostique (fonction positive de connaissance) de la philosophie. La dialectique, elle, n'ouvre pas à la connaissance. Seule la philosophie peut faire connaître quelque chose de positif. La sophistique et la dialectique tournent ainsi autour du même genre que la philosophie. Mais, la première en diffère par le genre de vie et la seconde par le trope de la puissance. En effet, alors que la philosophie première est connaissance positive de quelque chose, essaie de décrire les propriétés essentielles de l'être en tant qu'être, la

1. Aristote, *De l'âme*, Paris, Vrin, 1995, p. 13, 403b20 *sq.*

dialectique est une mise à l'épreuve des opinions que l'on avance, un examen des énoncés.

La philosophie proposera ainsi des définitions (et la définition fait partie des principes) quand il reviendra à la dialectique d'écarter les fausses définitions. Par exemple, le philosophe au sens premier va proposer une définition de l'âme comme forme, quand le dialecticien aura préalablement permis de repousser les fausses définitions, insuffisantes, de l'âme. Cette fonction examinatrice de la dialectique ne tient jamais lieu de philosophie première, soit d'établissement positif du savoir. La dialectique joue comme la méthodologie de la philosophie ; mais on ne peut pas limiter la philosophie à sa méthodologie. C'est pourquoi, explique Aristote dans le livre VIII des *Topiques*, le dialecticien et le philosophe peuvent pendant longtemps suivre le même chemin mais pour aller ensuite dans des directions différentes, celle du philosophe étant la connaissance positive.

Dialectique de la raison et antinomies

La position kantienne est bien plus sévère à l'égard de la dialectique et Kant ne se contente pas d'en limiter le rôle ou de la subordonner à une autre discipline (la science de l'être en tant qu'être chez Aristote) pour qu'elle ne soit pas rhétorique mais contribution au savoir. Or, cette sévérité n'est pas sans rapport avec le lien qui unit pour lui dialectique et contradiction, car la dialectique de la raison est comprise comme ce qui fait verser l'esprit dans des contradictions qui inéluctablement le brouillent avec le savoir.

En effet, Kant met l'accent sur le champ de bataille des opinions contraires, dans la seconde Préface de la *Critique de la raison pure*, mais aussi dans l'« Histoire de la raison pure » qui clôt l'ouvrage. Il y explique la nécessité de la pluralité des philosophies et de leur opposition, en dégageant une histoire *a priori* de la philosophie comme connaissance rationnelle, et exhibe une tendance naturelle qui est celle de la raison à sortir de ses propres limites. C'est ce qu'on appelle la dialectique de la raison, qui la fait verser dans une « logique de l'apparence ». Il y aurait alors dans la raison philosophique quelque chose qui la pousse à la pluralité. En effet, en sortant de ses propres limites, la raison est conduite à se contredire. Celle-ci est spontanément et inévitablement amenée à une dialectique et à des dialectiques qui sont insolubles et que Kant appelle les antinomies de la raison. Il y aurait donc une tendance à l'histoire inscrite dans la raison philosophique elle-même, car ces antinomies résument et structurent l'histoire de la philosophie. C'est pourquoi la philosophie a constitué jusque-là un véritable « champ de bataille ».

La contradiction se trouve déterminée sous une forme précise, celle de l'antinomie. Une antinomie est un conflit entre deux affirmations qui toutes deux paraissent vraies. Les antinomies de la raison pure sont les contradictions dans lesquelles tombe la raison qui prétend penser l'inconditionné et résoudre les problèmes de la cosmologie. Ces contradictions sont issues de spéculations dogmatiques : la critique montre qu'elles sont vaines, l'absolu ne pouvant être atteint dans les limites de notre expérience.

Plus précisément, la raison donne lieu à deux grands types d'affirmation touchant l'inconditionné. Ce que Kant nomme les « thèses » posent l'existence d'un terme ultime et premier dans l'ordre de l'être, terme que la recherche découvre après un nombre fini d'intermédiaires : le monde a un commencement dans le temps et est limité dans l'espace, toute substance en lui se compose de parties simples, il y a une causalité libre et non uniquement une causalité selon les lois de la nature, le monde implique comme partie ou cause un être absolument nécessaire. Contrairement à l'antithèse, la thèse rencontrerait l'intérêt pratique de la morale et de la religion ; embrassant *a priori* toute la chaîne des conditions, elle possèderait un intérêt spéculatif ; elle serait populaire, le sens commun affectionnant l'idée d'absolument premier. Les « antithèses » correspondent, elles, aux idées que le monde est infini dans le temps et l'espace, qu'il n'existe rien de simple en lui, que tout y arrive suivant des lois de la nature et qu'il n'a aucun être absolument nécessaire pour cause. L'antithèse aurait cet avantage théorique que son empirisme permet de chercher sans fin la cohérence et les lois des expériences possibles, quand la thèse néglige l'explication physique des phénomènes naturels. Mais elle plairait moins au sens commun qui appréhende toute avancée vers l'infini.

Pour mettre la philosophie sur le chemin sûr d'une science, il convient alors, souligne Kant, de la garder de son penchant dialectique par une critique du pouvoir de connaître. Comme ce qui outrepasse les limites de l'expérience possible, comme tendance à l'inconditionné, la dialectique se donne pour ce qui nous fragilise et entrave le savoir. Kant lui oppose « la route critique », la seule d'après lui qui soit encore ouverte. Celle-ci propose de travailler à la reconnaissance des limites de la raison, conduisant à une restriction légitime de son usage et à des connaissances vraies et assurées, soit à la reconnaissance de la limitation de droit de notre pouvoir de connaître, limitation qu'aucune connaissance ultérieure ne supprimera (à la différence des bornes).

Bien que pente naturelle et irrépressible de la raison, la dialectique est comprise comme l'origine fâcheuse des contradictions de la raison ou « antinomies » qui font obstacle à la connaissance, si bien que la critique projette d'enrayer ses conséquences en exhibant le caractère d'apparence de ses assertions.

Contradiction et auto-mouvement

Hegel a défendu l'idée que la contradiction meut le monde. La protestation de ceux qui disaient qu'elle ne se laisse pas penser contient ceci de vrai, concède-t-il, que, non-dialectisée, elle devient inutilisable : « on ne peut pas s'en tenir à la contradiction et […] celle-ci se supprime par elle-même »[1]. Le moment négatif doit donc être surmonté. Le progrès dialectique permet alors de révéler la positivité du négatif. À cela tient, selon Merleau-Ponty, la vérité de la conception hégélienne de la dialectique et plus largement « le ressort primordial » de toute pensée dialectique : « La notion hégélienne de *négation de la négation* n'est pas une solution de désespoir, un artifice verbal pour sortir d'embarras. Elle est la formule de toute contradiction opérante, et, en la laissant de côté, c'est la pensée dialectique elle-même, comme fécondité de la contradiction, qu'on abandonnerait »[2].

Hegel établit une distinction entre l'opposition au sens classique, dans laquelle les termes opposés sont extérieurs et indépendants, et la contradiction qui unit dans son mouvement les contraires dans un procès immanent. Les définitions de la dialectique qui mettent l'accent sur le jeu de la thèse et de l'antithèse confondent alors à ses yeux souvent les idées de contradiction et d'opposition. Hegel insiste sur l'irréductibilité de la contradiction intime à toute chose à une opposition de termes extérieurs : « la contradiction n'est pas présente simplement dans une réflexion extérieure, mais dans [les

---

1. Hegel, *E1*, Add. § 119, p. 555.
2. M. Merleau-Ponty, *Résumés de cours, op. cit.*, p. 78-79.

choses] elles-mêmes »[1]. En effet, la *Doctrine de l'essence* définit clairement la contradiction comme le passer incessant des opposés l'un dans l'autre, ayant pour moment une unité négative, et non la calme réunification des opposés, comme il apparaît à la réflexion extérieure[2].

Il établit un lien entre vitalité et contradiction. Celle-ci caractérise ainsi l'être pourvu d'une tendance : « ni l'âme ni l'esprit ne peuvent être sans avoir en eux-mêmes la contradiction, et avoir d'elle ou sentiment ou savoir »[3]. S'opposent alors l'identité abstraite à soi-même qu'est l'inertie et la négativité ou auto-mouvement intérieur qu'est la vie : « Quelquechose est donc vivant seulement dans la mesure où il contient dans soi la contradiction et à vrai dire est cette force [qui consiste] à saisir dans soi et à supporter la contradiction… »[4]. On n'en conclura pas néanmoins que la contradiction vaut uniquement pour le registre de la vitalité. Celle-ci est impliquée par le négatif et concerne toute chose. Ce qui spécifie la contradiction dans le cas de la vie est qu'il s'agit d'une contradiction qu'on a *en soi-même* et non d'une contradiction qui affecte *extérieurement*. Ainsi, alors que l'identité est immédiateté simple et, pour cela, être mort, la contradiction est « la racine » de tout mouvement, processus dialectique général et processus interne (vitalité, tendance, activité)[5]. Pour Hegel, toutes les choses finies sont prises dans la contradiction et c'est seulement par tendresse à leur égard qu'on tente de repousser

---

1. Hegel, *Science de la logique*, Premier tome – Deuxième livre, *La doctrine de l'essence*, Paris, Aubier, 1976, p. 82. (désormais *SL2*)
2. *Ibid.*, Remarque 3 : Proposition de la contradiction, p. 81-87.
3. Hegel, *E3*, Add. § 426, p. 529.
4. Hegel, *SL2*, p. 83.
5. *Ibid.*, p. 81.

ailleurs cette contradiction[1]. Il faut donc prendre au sérieux le fait que la contradiction n'est ni une anomalie ni une spécificité d'un ordre particulier d'être mais bien plutôt « le négatif dans sa détermination essentielle, le principe de tout-auto-mouvement, lequel ne consiste en rien d'autre que dans une présentation de cette même [contradiction] »[2].

Ici s'enracine la critique hégélienne des concepts contraires, qui sont par l'entendement « regardés comme deux *espèces* particulières, c'est-à-dire chacun comme ferme pour soi et indifférent en regard de l'autre, sans aucune pensée de la dialectique et de l'inanité intérieure de ces différences… »[3]. La coexistence des contraires représente chez Hegel la nature du sujet bien plus qu'une simple possibilité pour celui-ci. De là aussi vient la révision du partage entre vérité et erreur qui fait du chemin accidenté conduisant au vrai l'exposition adéquate de la vérité. C'est pourquoi le faux, le partiel, ne sont pas des moments ou moyens mais la forme dans laquelle s'expose le vrai en développement : « On peut bien savoir faussement »[4].

La soumission de la philosophie au principe de non-contradiction fait alors de la pensée une chose abstraite, car la contradiction est partout dans la réalité. L'abstraction, pour Hegel, est de croire que la vérité n'a qu'un seul lieu et est étrangère à la contradiction. Au contraire, ce qui est réel et concret tient à l'unité différenciée et au développement contra-dictoire qu'elle implique. Par exemple, on comprend d'habi-tude la diversité des philosophies comme le signe de leur contradiction, et on en conclut que certaines sont vraies et

---

1. Hegel, *SL2*, p. 57-58.
2. *Ibid.*, p. 82.
3. Hegel, *SL3*, p. 88.
4. Hegel, *Phéno*, p. 84.

d'autres fausses et ce en vertu du principe de non-contradiction. Selon Hegel, au contraire, la contradiction n'est pas le
signe du faux, si la vérité consiste à réussir à penser ensemble
les deux versants d'une contraction. La vérité tient au développement nécessaire d'un contenu. Elle est connexion qui ne peut
être intuitionnée ou postulée, mais qui doit être démontrée. Elle
ne peut donc être trouvée *immédiatement*, dans l'expérience
mystique ou l'illumination. Les avant-propos formels, qui
présentent des résultats ou des oppositions figés, sont donc
inadéquats, car le système ne vaut qu'à condition de retracer
son mode de constitution. À cela tient la grande idée hégélienne selon laquelle l'absolu n'est pas seulement substance
mais aussi sujet. Ce qui implique que le vrai ou l'absolu
tirent leur vérité ou absoluité d'être le sujet de leur propre
développement. D'où aussi la nécessité d'un déploiement
historique de la philosophie et l'instanciation de celle-ci dans
une succession de doctrines qui toutes sont porteuses de vérité.

Histoire, lutte et antagonismes

Marx a appliqué des schémas d'évolution, du progrès, à
une histoire bien particulière, celle des formations sociales
considérées comme déterminées par leur mode de production.
Toutes les sociétés se trouvent classées en prenant pour critère
la socialisation, c'est-à-dire la capacité pour les individus de
contrôler collectivement leurs propres conditions d'existence.
L'évolution progressive de l'histoire, développement des
rapports sociaux, chez Marx, est alors inséparable d'une thèse
sur la rationalité de l'histoire. En effet, la ligne de progrès des
modes de production successifs fournit un principe d'intel-
ligibilité pour la succession des formations sociales concrètes.
L'évolution des formes productives donnera lieu entre

autres au dépassement de la lutte des classes dans la société communiste.

Cela engage un discours sur la causalité historique qui subordonne le processus historique à une téléologie pré-existante, et qui affirme que le moteur de la transformation historique n'est pas autre chose que les contradictions de la vie matérielle, scientifiquement constatables :

> À un certain stade de leur développement, les forces productives matérielles de la société entrent en contradiction [...] avec les rapports de propriété au sein desquels elles s'étaient mues jusqu'alors. De formes de développement des forces productives qu'ils étaient, ces rapports en deviennent des entraves. Alors s'ouvre une époque de révolution sociale[1].

Marx prend alors comme objet d'analyse spécifique la contradiction qui émerge entre les rapports de production et le développement des forces productives et la forme qu'elle revêt dans le capitalisme. La contradiction oppose une tendance à la socialisation de la production (concentration, rationalisation, universalisation de la technologie) et une tendance au morcel-lement de la force de travail, à la surexploitation et à l'insé-curité pour la classe ouvrière. C'est là que la lutte des classes intervient comme facteur de résolution de la contradiction. Elle seule, ancrée dans la colère, la misère, l'oppression, peut aboutir à la réappropriation des forces par les travailleurs (soit à « exproprier les expropriateurs »).

On soulignera que la nécessité de dépassement de la contradiction ne s'impose pas de l'extérieur à la classe

---

1. Marx, *Contribution à la critique de l'économie politique*, Paris, Éditions sociales, 1977, Préface, p. 2-3.

ouvrière[1]. Et on pourrait montrer que la lutte des classes n'intervient jamais chez Marx comme un modèle explicatif extérieur. C'est là le premier sens chez lui du concept de dialectique : une logique ou forme d'explication spécifiquement adaptée à l'intervention déterminante de la lutte des classes dans le tissu de l'histoire. On mesure ici l'importance de la transformation que Marx fait subir aux formes antérieures de la dialectique surtout hégélienne. En effet, il inverse le rapport que les figures spéculatives entretenaient avec des situations concrètes puisque ces situations n'illustrent pas des types de moments dialectiques prédéterminés logiquement mais qu'elles sont des types de processus ou de développements dialectiques dont on peut concevoir la série comme ouverte.

Quoiqu'il en soit, le *traitement* de la contradiction est au cœur du processus dialectique dans l'histoire. Marx, qui décrit les ravages causés par le capitalisme comme une « monstruosité », en situe l'origine dans la contradiction qui existe et s'accroit entre la « socialisation des forces productives » et la « désocialisation » des hommes. En raison de cette contradiction, le discours linéaire du progrès relève de la mystification. La question est alors de savoir comment cette contradiction peut être résolue :

> Le monopole du capital devient une entrave au mode de production qui a mûri en même temps que lui et sous sa domination. La centralisation des moyens de production et la socialisation du travail atteignent un point où elles deviennent incompatibles avec leur enveloppe capitaliste. On la fait sauter. L'heure de la propriété capitaliste a sonné. On exproprie les expropriateurs […]. La production

1. Voir É. Balibar, *La Philosophie de Marx*, Paris, La Découverte, 2001.

capitaliste engendre à son tour, avec l'inéluctabilité d'un processus naturel, sa propre négation. C'est la négation de la négation... [1].

Pour Marx, on le voit, la contradiction ne peut être tranchée, résolue que par le *renversement* de la tendance, par l'affirmation d'une contre-tendance (communisme comme alternative au capitalisme). Il n'y a pas là synthèse ou réconciliation mais bien renversement du rapport de force, de domination ou de détermination. D'où le second aspect de la dialectique qui relève moins du progrès que du procès ou du processus. Celui-ci repose, à la différence de Hegel, sur le caractère inconciliable de la contradiction et il tire sa nécessité des conditions réelles. Le progrès n'est pas donné, programmé mais il est le fruit du développement des antagonismes (contradictions) qui constituent le procès. Le procès ou processus (soit « un développement considéré dans l'ensemble de ses conditions réelles »[2]) constitue alors, pour Marx, le concept dialectique par excellence.

Cette contradiction est réelle, objective et l'idée est celle-ci que le mode de production capitaliste ne peut pas ne pas changer, qu'il ne peut pas ne pas y avoir renversement. Le mouvement historique procède donc de cette impossibilité, de l'impossibilité du maintien de la contradiction réelle. Ainsi, dans la dialectique marxiste, la contradiction n'est jamais une apparence, si bien qu'elle ne donne lieu à aucune réconciliation des termes en présence. Elle est à la fois indépassable dans une synthèse et intenable.

1. Marx, *Le Capital*, *Livre I*, Paris, P.U.F, 1993, p. 856-857.
2. *Ibid.*, p. 200.

Persistance des antinomies…

Merleau-Ponty, dans *Les Aventures de la dialectique*, faisait le point sur la façon dont, au xxᵉ siècle, avait été pensé par la philosophie politique le problème révolutionnaire et celui, solidaire, de la dialectique. La dialectique apparaissait alors au révolutionnaire comme la synthèse qui devait faire « peu à peu entrer en connivence »[1] les opposés qu'étaient le réel et les valeurs, le sujet et l'objet, le jugement et la discipline, l'individu et la totalité, le présent et l'avenir et qui d'ordinaire devaient « entrer en collision ». Cette tentative de synthèse aurait par la suite cédé le pas ou bien coexisté avec une pensée des antithèses, de la persistance des antinomies. Pour Merleau-Ponty, la dialectique nous a appris avec raison et force que les contraires – sujet et objet, conscience et histoire, présent et avenir, jugement et discipline – « dépérissent l'un sans l'autre », mais son diagnostic critique nous aurait enseigné en même temps que le dépassement de leurs contradictions conduit toujours à écraser l'une des deux séries et « qu'il faut chercher autre chose »[2]. Ainsi la dialectique aurait raison d'affirmer la liaison des contradictoires et tort de vouloir dépasser leur tension, de chercher à en produire une synthèse ou réconciliation, de s'efforcer parfois simplement de les identifier. Si pour Merleau-Ponty la philosophie dialectique nous apprend qu'il y a une vérité qui point, qui transparaît, derrière les choix inconciliables, qu'il y a un développement de l'action et de la société, il faut renoncer à lire dans l'histoire le devenir-vrai de la société… Contre Sartre qui, à ses yeux, ne conserve plus rien

---

1. M. Merleau-Ponty, *Les Aventures de la dialectique*, Paris, Gallimard, 2000, p. 14.

2. *Ibid.*, p. 14.

de la dialectique, Merleau-Ponty maintient que celle-ci n'est pas un mythe :

> L'illusion [...] était de croire que le prolétariat fût, à lui seul, la dialectique, et que l'entreprise de le mettre au pouvoir, soustraite provisoirement à toute appréciation dialectique, pût mettre la dialectique au pouvoir [...]. Ce qui est donc caduc, ce n'est pas la dialectique, c'est la prétention de la terminer dans une fin de l'histoire ou dans une révolution permanente, dans un régime qui, étant la contestation de lui-même, n'ait plus besoin d'être contesté du dehors, et en somme n'ait plus de dehors[1].

L'analyse merleau-pontienne de la dialectique possède à nos yeux ce triple intérêt : 1) Elle ne renonce pas à la pensée dialectique comprise par Merleau-Ponty comme fécondité de la contradiction : il y a un dépassement des alternatives, une conciliation véritable du positif et du négatif. Néanmoins, dans la « bonne » dialectique ce mouvement d'*Aufhebung* ne va pas dans un seul sens et réalise l'unité de l'entrer en soi et du sortir de soi sans constituer cette unité en thèse. 2) Elle montre ce qu'il en coûte soit de renoncer à la dialectique soit d'en proposer une critique hâtive ou une version relativiste qu'il nomme « mauvaise dialectique ». Par exemple, explique Merleau-Ponty, le procès kierkegaardien de la dialectique hégélienne – la pensée « objective » – au lieu d'annoncer une « dialectique du réel » et un « vrai retour à l'inspiration dialec-tique », conduit à s'en prendre à la notion même de médiation et donc à la pensée dialectique elle-même et à « recommander, sous le nom singulier de "décision" ou "choix", l'indistinction des contradictoires »[2]. 3) Elle procède pourtant à une critique

1. M. Merleau-Ponty, *Les Aventures de la dialectique, op. cit.*, p. 284-285.
2. M. Merleau-Ponty, *Résumés de cours, op. cit.*, p. 83.

serrée de la dialectique qui pour dépasser la contradiction donne lieu à une synthèse, en particulier de la dialectique hégélienne. Celle-ci opère selon Merleau-Ponty un passage illégitime de la dialectique à la spéculation, au système : du « négativement rationnel » au « positivement rationnel »[1]…

Tantôt la dialectique sert de révélateur à la contradiction interne des opinions, tantôt elle permet d'élever à ce qui est exempt de contradiction, comme l'anhypothétique, tantôt elle tire parti de la contradiction interne et externe des *endoxa* pour ouvrir une voie vers les principes communs des sciences. Là, elle est l'origine naturelle mais fâcheuse des contradictions de la raison ou antinomies. Ailleurs, la dialectique est conçue comme épreuve et dépassement de la contradiction. Certains en feront le déploiement historique des contradictions du réel. D'autres encore, nous y reviendrons, y verront au contraire l'effort pour maintenir ouvertes, non résolues, les contradictions qu'elles soient idéelles ou réelles… Pourtant, dans tous les cas, la dialectique témoigne d'une intelligence recherchée de la contradiction, là où elle s'offre à nous souvent comme aporie, blocage, entrave pour l'action comme pour la pensée. Celle-ci est vue comme traçant un chemin vers la vérité.

LA DIALECTIQUE AU-DELÀ DE LA PHILOSOPHIE

Se pose enfin la question de l'existence de formes dialectiques hors du champ philosophique. La dialectique a-t-elle droit de cité hors de la philosophie ? Déjà Gaston Bachelard avait commencé à introduire la dialectique comme la méthode des sciences en 1936 dans *La Dialectique de la*

1. *Ibid.*, p. 82.

durée, mais cette dialectique, qui est à ses yeux la méthode des sciences contemporaines, était d'abord à comprendre comme « la dialectisation du simple »[1]. Cela permet de poser le problème de la dépendance entre la méthode dialectique et son objet qui justifie son existence dans certains domaines du savoir et son exclusion d'autres champs.

La science, « un développement dialectique »

G. Bachelard, dans *La Philosophie du non*, dit rechercher une philosophie capable d'analyser la prodigieuse complexité de la pensée scientifique moderne. Il nomme celle-ci « philosophie scientifique différentielle » ou « philosophie du non ». Pourquoi philosophie du non ? C'est en raison, dit-il, de la « transcendance expérimentale » : l'expérience nouvelle dit non à l'expérience ancienne, sans quoi il ne s'agirait pas d'une expérience nouvelle, un non qui n'est jamais définitif, ajoute-t-il, pour un esprit qui sait dialectiser ses principes[2]. C'est pourquoi il ne faut pas percevoir cette philosophie du non comme une attitude de refus mais comme un effort de conciliation. C'est parce que l'expérience dans les sciences physiques n'est pas fermée sur soi mais ouvre sur un au-delà qu'il faut élaborer une philosophie scientifique corrélative de la transcendance empirique. C'est en ce sens qu'il faut comprendre le « non » et pas dans celui de négation ou de contradiction. Il ne s'agit pas de contredire systématiquement, de contester toutes les règles ni d'accepter la contradiction interne : « Ce besoin de notions fondamentales dialectisées, ce souci de maintenir en discussion les résultats acquis, cette action polémique incessante de la raison ne doivent pas tromper sur

---

1. G. Bachelard, *Rationalisme appliqué*, Paris, P.U.F, 1949, p. 241.
2. G. Bachelard, *La Philosophie du non*, Paris, P.U.F, 1988, p. 9.

l'activité constructive de la philosophie du non. La philosophie du non n'est pas une volonté de *négation* »[1]. La science en effet exige, au plus haut point, un « développement dialectique »[2]. Il ne s'agit pas non plus d'une dialectique *a priori* mais de dialectiser un à un les axiomes. Pour essayer de saisir des principes de cohérence dans l'activité de la philosophie du non, Bachelard prend comme exemple le travail d'Eddington touchant la cohésion des critiques successives de la notion d'atome. Nul mieux que lui n'a en effet, d'après Bachelard, compris la valeur des rectifications successives des divers schémas atomiques, partant d'une critique de l'image qu'en fournit Bohr. Le schéma de l'atome exemplifie parfaitement ce que doit être le destin des images scientifiques. Ainsi l'objet devient la « *somme des critiques* auxquelles on soumet son image première[3], si bien que d'une bonne image, il ne reste plus rien : « Les intuitions sont très utiles : elles servent à être détruites. En détruisant ses images premières, la pensée scientifique découvre ses lois organiques »[4]. Ces « non » successifs possèdent donc un rôle pédagogique indispensable et sont coordonnés.

La dialectique de la nature

La pertinence de la dialectique au sein de la nature, et même du processus vivant, a été depuis Marx et Engels débattue par différents chercheurs. Dans la réception de la philosophie de Hegel, émerge en effet au XXe siècle une démarche particulière qui se définit par la tentative de naturaliser la dialectique. Si,

1. *Ibid.*, p. 135.
2. *Ibid.*, p. 5.
3. *Ibid.*, p. 139.
4. *Ibid.*, p. 140.

avec la dialectique, Hegel a offert à la pensée un cadre – une méthode – décisif, il s'agit pourtant d'adapter celui-ci aux données fournies par le progrès des sciences naturelles et au matérialisme que celles-ci impliquent. D'une manière ou d'une autre, dégager dans la nature une dialectique peut constituer la tentative de prolonger l'idée que l'ensemble de l'univers, et l'univers vivant, est devenir et transformation, qu'il évolue de ce fait en dehors de tout projet, suivant les seules lois de la nature… Depuis toujours, le vivant naturel vit et se métamorphose. La continuité des formes de vie est ici soulignée ainsi que le fait que leur existence procède d'un développement. Comme l'écrivait Darwin, émerge alors « à partir d'un début si simple », « l'infinité des formes les plus belles et les plus merveilleuses ».

Surtout, cette démarche de naturalisation de la dialectique est solidaire d'une interprétation objectiviste de celle-ci. On en trouve un des plus beaux développements dans la *Dialectique de la nature* de Engels. Nos contemporains se montrent aujourd'hui très sceptiques à l'égard de cette interprétation objectiviste et naturaliste de la dialectique qui entend la retrouver dans les phénomènes de la nature. On ne compte plus les jugements négatifs voire les pures et simples récusations de cette entreprise interprétée comme une pratique encore à la fois métaphysique et naïve de la science de la nature. On veut bien, et encore, accorder l'existence d'une dialectique des catégories mais jamais lui reconnaître un statut objectif dans la nature.

La dialectique devait à l'époque permettre de fournir un fil logique reliant ensemble les différents ordres de la réalité. Il ne saurait y avoir aucune opposition ni aucune coupure entre ordres matériel et intellectuel, et la dialectique vient alors livrer des principes de continuité entre les processus organiques du vivant et ceux, conceptuels, de la pensée. C'est pourquoi il ne s'agit pas d'un matérialisme réductionniste : il ne s'agit jamais de réduire le logique à l'organique. Certes, les différents moments émergent des processus inhérents à la matérialité, des processus organiques transitent vers des processus de signification mais il ne s'agit pas d'une réduction. L'ambition est celle de présenter une succession d'ordres intégrés. Contrairement à la dialectique hégélienne, la dialectique « naturalisée » n'implique aucune hiérarchisation d'un point de vue axiologique entre les ordres ou niveaux inférieurs et supérieurs d'intégration. Il y a complexification et diversification des processus mais pas de saut qualitatif.

Nous développerons ici un exemple, emprunté à la pensée de Merleau-Ponty, qui constitue la tentative pour dégager une telle dialectique, touchant en particulier les relations de l'esprit et du corps. La conception de l'âme et du corps développée par Merleau-Ponty interdit en effet de les représenter comme deux termes extérieurs l'un à l'autre, quoique solidaires, dont l'un serait le sens, le principe unificateur de l'autre, et le second la manifestation du premier [1]. Aussi, Merleau-Ponty substitue-t-il à la logique de la distinction des substances celle de leur intégration dialectique : « l'homme n'est pas un psychisme joint à un organisme, mais ce va-et-vient de l'existence qui tantôt se laisse être corporelle et tantôt se porte aux actes personnels » [2]. Le corps propre n'est pas un mécanisme fermé sur soi, sur lequel l'esprit pourrait agir du dehors, mais il se définit par un fonctionnement qui peut offrir tous les degrés d'intégration. Le corps est donc porteur d'une dialectique qui empêche de

---

1. M. Merleau-Ponty, *Structure du comportement*, Paris, P.U.F, 2006, chap. IV.

2. M. Merleau-Ponty, *Phénoménologie de la perception*, Paris, Gallimard, 1976, 1ʳᵉ partie, chap. I, p. 104.

considérer les événements corporels comme des cycles autonomes. Le corps devient corps humain quand il se trouve intégré à un niveau supérieur; à l'inverse, on dira que le comportement s'est désorganisé pour laisser place à des structures moins intégrées s'il se laisse comprendre de part en part dans les termes de la dialectique vitale. Par conséquent, «puisque le physique, le vital, l'individu psychique ne se distinguent que comme différents degrés d'intégration, dans la mesure où l'homme s'identifie tout entier à la troisième dialectique, c'est-à-dire dans la mesure où il ne laisse plus jouer en lui-même de systèmes de conduite isolés, son âme et son corps ne se distinguent plus »[1].

C'est pourquoi Merleau-Ponty récuse la métaphore cartésienne de l'artisan et de l'outil des *Réponses aux cinquièmes objections*[2]: il n'est pas possible de comparer l'organe à un instrument comme s'il existait à part du fonctionnement intégral, ni l'esprit à un artisan qui l'utilise, ce qui serait revenir à un rapport extérieur comme celui du pilote en son navire que justement Descartes refuse. Du fait de cette dialectique, il s'avère impossible de se représenter un rapport invariable du corps à l'esprit car tantôt celui-ci manifeste une intention qui relève d'une dialectique supérieure à la biologie, tantôt il se borne à miner des intentions qu'il n'a plus, telle cette main décrite par Proust dans *Le Côté des Guermantes I* qui «écartait les couvertures d'un geste qui eût autrefois signifié que ces couvertures la gênait et qui maintenant ne signifiait rien». Si le corps est mêlé à l'esprit par une dialectique qui implique que les deux termes ne sont jamais tout à fait

1. M. Merleau-Ponty, *Structure du comportement*, *op. cit.*, chap. IV, p. 218-219.
2. Descartes, *AT*, VII, 354.

étrangers l'un à l'autre, le corps des anatomistes et l'organisme des physiologistes sont bien des abstractions, « des instantanés pris sur le corps fonctionnel »[1].

Certes, Merleau-Ponty reconnaît qu'une manière de dualité reparaît toujours à certains niveaux comme celui où la faim et la soif gênent la réflexion, mais il montre que celle-ci n'est pas substantielle, si bien que les notions de corps et d'esprit « doivent être relativisées ». Si l'esprit et le corps ne sont pas deux termes extérieurs, le premier étant sujet, le second objet, si l'homme n'est pas « un psychisme joint à un organisme », mais si, dans le mouvement de l'existence, ces deux ordres de l'en soi et du pour soi ne se distinguent plus, il faut pour comprendre chacun d'eux emprunter les attributs traditionnellement attachés à l'autre, sans que cela relève par exemple d'un panpsychisme archaïque. Leur relation est ici dialectique. Le corps est d'ailleurs lui-même le fruit d'une ou plusieurs dialectiques : « masse de composés chimiques en interaction », « dialectique du vivant et de son milieu biologique », « dialectique du sujet social et de son groupe », etc.[2].

Psychogenèse et dialectique

L'idée d'une dialectique de la nature se retrouve chez bien d'autres théoriciens du XXe siècle. On pense en particulier aux travaux d'Henri Wallon[3]. Quoique le concept de dialectique possède d'abord, dans l'histoire de sa réception et de ses applications, des prolongements et des destins dans les champs de la philosophie et de l'histoire des formations scientifiques, il

1. M. Merleau-Ponty, *Structure du comportement, op. cit.*, p. 221.
2. *Ibid.*, p. 227.
3. H. Wallon, *Psychologie et dialectique, La spirale et le miroir*, É. Jalley et L. Maury (éd.), Paris, Messidor-Éditions sociales, 1990.

ne faut pas oublier les autres domaines dans lesquels il a trouvé des développements originaux et fructueux. C'est le cas de la psychologie de l'enfant. Des développements dialectiques ont pu ainsi être analysés à la fois par H. Wallon et par J. Piaget. Ceux-ci possèdent de tels processus à l'œuvre dans le domaine de la psychologie développementale des conceptions bien différentes en raison de la divergence qui est la leur touchant la nature du développement psychique. Nous ne présenterons ici que quelques remarques concernant la psychologie wallonnienne de l'enfant. Celle-ci se veut en effet la description et l'explication de « l'évolution dialectique de la personnalité ». Dans cette perspective, Wallon est conduit à définir le développement psychologique de l'enfant, le procès de la psychogenèse, comme produisant « une unité faite de contrastes et de conflits ».

Quel rapport tout d'abord avec la question de la dialectique de la nature ? C'est que, pour H. Wallon (1879-1962), l'homme est un être indissociablement biologique et social et que, pour cette raison, la psychologie doit se situer à la charnière entre sciences de la nature et sciences sociales. De cette interdépendance des facteurs biologiques et sociaux découle une dialectique. Occupant leur jonction, la dialectique développementale qu'elle va découvrir sera solidairement naturelle et historique. En outre, le modèle dialectique wallonien de la psychogenèse est matérialiste puisqu'il repose sur une base physiologique.

Dans « Les Stades de l'évolution psychologique de l'enfant », Wallon analyse ce qu'il nomme l'évolution dialectique de la personnalité comme une construction progressive qui, selon un cycle de dominances successives, produit l'intégration des deux fonctions principales que sont l'affectivité et l'intelligence. La personnalité représente l'intégration d'une composante affective (fonction centripète), le caractère, et d'une composante cognitive, l'intelligence (fonction centrifuge). Son développement suit une succession de stades présentant chacun un ensemble original de conduites et marquée par la domination d'une des deux fonctions, soit par un principe d'alternance. Le principe dialectique matérialiste d'évolution est un principe par action et réaction des forces en conflit ou par « action antagoniste et réciproque ». Un conflit trouve sa solution dans l'intégration des forces à un niveau supérieur selon un processus de négation qui n'anéantit pas : « Le nouveau stade n'abolit pas, il intègre, règle et dirige les formes précédentes de vie ou d'activité… Le développement montre une sorte d'unité solidaire à travers les diversités et les oppositions […]. Une unité faite de contrastes et de conflits »[1]. H. Wallon décrit précisément l'alternance des stades du développement de l'enfant : stade impulsif et émotionnel (primat de l'affectif), stade sensori-moteur et projectif (prédominance de la fonction intellectuelle), stade du personnalisme (primauté de la fonction affective), stade catégoriel (prédominance des activités intellectuelles), stade de l'adolescence (domination des intérêts affectifs pour le Moi). Ceux-ci néanmoins ne sont pas homogènes mais réalisent une « unité contrastée ». Interagissent en réalité trois déterminants : le facteur endogène de maturation, le facteur exogène constitué par le milieu et son influence, le facteur proprement psychologique, si bien que le destin de la vie mentale dépend d'une causalité bio-psycho-sociologique.

En dépit de l'originalité de cette pensée dialectique de l'intégration propre au champ de la psychologie génétique, on y trouve présents, quoique thématisés différemment, des

1. *Ibid.*, p. 141.

motifs dialectiques classiques. Les stades successifs sont ainsi introduits par des moments de crise. Surtout, la discontinuité des stades est apparente, car pour Wallon, si le stade B qui succède au stade A vérifie un principe d'alternance, le stade C conduit, lui, à intégrer sous une forme plus aboutie la structure du stade A, selon le principe de la négation de la négation. Cela signifie qu'aucune étape du développement n'est dépassée mais qu'elle ne semble supprimée qu'en apparence dans le stade suivant. Chaque position ou « étape » atteinte demeure à l'état latent ou « en sourdine » – il y a inversion de dominance au sein d'un stade et non élimination –, bien qu'il soit parfois remanié, parfois non. Le principe cyclique d'alternance signifie une coopération des contraires ou plutôt polarités, aucune des deux n'étant jamais ni supprimée ni évacuée. Émile Jalley a insisté sur la proximité de ce modèle processuel du développement par alternance avec la philosophie fichtéenne, en raison de l'importance accordée par celle-ci, pour la distinction entre moi et non-moi, aux mouvements centripètes et centrifuges. La pensée wallonnienne de la formation et de l'organisation du couple moi-autre qui passe par la théorisation de différentes formes d'identifications témoigne de façon frappante du caractère dialectique de sa conception de l'évolution de la personnalité de l'enfant.

Dialectique du vivant

Plus près de nous, le travaux que l'immunologue Jean-Claude Ameisen expose en particulier dans *La Sculpture du vivant ou le suicide cellulaire, une mort créatrice* doivent retenir un instant notre attention. Ici le chercheur légitime le recours à une catégorie philosophique massive, celle de dialectique. Le travail de J.-C. Ameisen conduit à remettre en cause les représentations de la mort comme faucheuse, ou

événement destructeur extérieur, et de la vie comme
phénomène positif et premier qui va de soi. En se plaçant au
niveau de la cellule, il propose de comprendre le développement cellulaire comme une activité de sculpture au cœur du
vivant. De ce fait, la vie est comprise comme le résultat d'une
forme de dialectique : elle résulte de la négation continuelle
d'un événement négatif, de la répression continuelle d'une
autodestruction, soit d'un phénomène de négation de la
négation : « D'une manière troublante, contre-intuitive, paradoxale, un événement perçu jusqu'ici comme positif – la vie
– semble résulter de la négation d'un événement négatif –
l'autodestruction »[1].

La dialectique cellulaire dont il s'agit va donc au-delà
d'un mélange entre processus constructifs et destructifs.
Certes, « être vivant, c'est être, à tout moment, pour partie
en train de mourir et pour partie en train de renaître. Notre
pérennité dépend d'un équilibre permanent entre des processus
de déconstruction et de reconstruction, d'autodestruction et de
renouvellement », écrit J.-C. Ameisen[2]. Mais sa thèse fonda-
mentale est plus audacieuse encore. Il tente en effet de comprendre les phénomènes d'autodestruction cellulaire comme
une forme de « suicide cellulaire ». La capacité à s'autodétruire
est ainsi inscrite au cœur du vivant et c'est ce qui sculpte les
formes de vie minuscules. Il s'agit d'un pouvoir d'auto-
organisation dialectique. Cette capacité persiste dans nos
cellules toute notre vie et elle joue un rôle à la fois dans le

---

1. J.-C. Ameisen, *La Sculpture du vivant, Le suicide cellulaire ou la mort
créatrice*, Paris, Seuil, 2003, p. 15.
2. J.-C. Ameisen, « "Et ce changement-là, Vivre, au monde s'appelle" »,
p. 35-85, *Anthropologie du corps vieux*, J.-C. Ameisen, G. Le Blanc et
E. Minnaërt (dir.), Paris, P.U.F, 2008, p. 49.

fonctionnement normal du corps mais aussi dans le développement de nombreuses maladies. Ainsi la vie cellulaire est
conçue comme le fruit d'un travail dialectique du négatif :

> Il y a probablement une certaine « grandeur » dans l'idée
> que l'émergence et l'évolution d'une forme contrôlée de
> déconstruction, inscrite au cœur même du vivant, a pu para-
> doxalement contribuer à sa capacité à résister, dans un combat
> perdu d'avance, à l'usure et aux agressions permanentes de
> l'environnement. Et il nous faut essayer d'appréhender
> jusqu'à quel point une forme aveugle, contingente et de plus
> en plus complexe de jeu avec la mort – avec sa propre fin – a
> pu être un déterminant essentiel de l'extraordinaire voyage
> qu'a accompli à ce jour le vivant à travers le temps, et de sa
> merveilleuse capacité à donner naissance à la jeunesse, à la
> nouveauté, et à la diversité [1].

Dialectique et psychanalyse

La question du rapport entre psychanalyse et dialectique
est également l'objet d'un débat intéressant. D'un côté, la
dialectique semble exclue du fonctionnement psychique
inconscient. En 1932, dans ses *Nouvelles leçons d'introduction*, à l'occasion d'une discussion sur Marx, Freud fait
cette déclaration :

> Dans la théorie marxiste, il y a des thèses qui m'ont
> déconcerté, comme celles voulant que le développement des
> formes de société soit un procès relevant de l'histoire naturel-
> le ou que les changements dans la stratification sociale
> découlent les uns des autres par la voie d'un procès dialec-
> tique. Je ne suis pas sûr du tout de comprendre correctement
> ces affirmations, elles n'ont d'ailleurs pas une consonance

1. *Ibid.*, p. 75.

« matérialiste », mais ont plutôt l'air d'un précipité de cette obscure philosophie hégélienne, école par laquelle Marx est d'ailleurs passé[1].

Le hégélianisme semble ainsi rangé du côté de la dialectique et de l'éristique que Freud condamne. Ce dernier entend « dialectique » comme art de la querelle, polémique fût-elle théorique. Il prend alors par exemple ses distances à l'égard de l'adage qui fait du combat le père de toutes choses : « Je crois qu'il provient de la sophistique grecque et qu'il pèche, comme celle-ci, par une surestimation de la dialectique »[2]. De plus, Freud tient à souligner la dimension essentiellement non-polémique de la cure[3]. La controverse qui l'opposa vers 1910 à James J. Putnam, hégélien convaincu, qui, selon lui, tente de greffer son système philosophique sur la psychanalyse, permet d'argumenter dans un premier temps dans le sens d'une étrangeté de la psychanalyse à la logique dialectique. Par ailleurs, nous avons souligné que la dialectique impliquait une pensée de la contradiction. Or, Freud a dit et répété que, dans l'inconscient, les pulsions ne se contredisent pas : « Ces motions pulsionnelles sont coordonnées les unes aux autres, existent sans être influencées les unes à côté des autres, ne se contredisent pas les unes les autres »[4].

Pour Freud, le pulsionnel – le désirant – ignore l'opposition, la limitation extérieure. Il n'y aurait pas entre'empêchement des désirs mais autorégulation de ceux-ci.

---

1. Freud, « La nouvelle suite des leçons d'introduction à la psychanalyse », p. 83-268, *Œuvres Complètes Psychanalyse XIX*, Paris, P.U.F, p. 262. (désormais *OC* et tomaison)

2. Freud, *OC XIV*, *Leçons d'introduction*, p. 253.

3. Freud, « Contribution à l'histoire du mouvement psychanalytique », p. 247-315, *OC XII*, p. 296.

4. Freud, « L'inconscient », p. 205-244, *OC XIII*, p. 227.

À cela est associée l'idée que les désirs existent sans se contredire juxtaposés dans l'inconscient, avec une différence qui ne tient pas à leur rapport mais à une qualité qui est propre à chacun, car chacun semble porter un degré d'investissement. Deleuze formule la même idée : les phénomènes de l'inconscient ne se laissent pas réduire aux formes de l'opposition et du conflit, le désir n'est pas partie prenante d'une opposition, mais force de recherche questionnante et problématisante, affirmant que le refoulement est une puissance positive et que l'instinct de mort fournit à la répétition un principe originel positif[1].

Pourtant, que veut dire Freud quand il affirme que les pulsions ne se contredisent pas ? Cela signifie d'abord, en réalité, que, dans l'inconscient, les opposés coexistent. L'inconscient se fait le réservoir de tendances opposées qui coexistent. Par suite, l'absence de contradiction désigne le fait que l'incompatibilité soulignée de deux motions n'implique aucune soustraction de l'une des contradictoires mais conduit à une formation de compromis. L'absence de contradiction est alors pour partie une expression de la loi psychique de conservation : l'opposition dans l'inconscient n'induit aucune suppression d'un des opposés comme suite ou solution de l'opposition. Parfois, la mention de l'absence de contradiction signifie le fait que le principe de non-contradiction ne s'applique pas, soit la coexistence des opposés. Que l'inconscient ignore la contradiction signifie en un sens qu'il l'ignore au sens où elle lui est indifférente.

Il est clair pourtant que l'inconscient n'est pas le lieu d'une dialectique au sens hégélien du terme. L'*Aufhebung* dialectique signifie en effet un progrès et une solution : la contradiction est « dépassée » dans une position qui conserve ce que ce

1. G. Deleuze, *Différence et répétition*, Paris, P.U.F, 2003, p. 143.

qu'elle vient supprimer avait pourtant de vrai. Au contraire, la logique inconsciente est une logique du compromis. La vie d'âme est pour Freud dominée par le conflit – conflit interne à la libido résultant de la prédisposition bisexuelle, conflit entre les motions érotiques et agressives, conflit entre le moi, le ça et le surmoi. Freud résume parfois l'ensemble de ces conflits par l'opposition générale entre conscient et refoulé inconscient. Or, ces conflits ne donnent lieu ni à la suppression d'une des revendications en jeu ni à l'émergence d'une solution idéale réconciliant les adversaires. Au contraire, le conflit engendre la production d'un compromis, dont le caractère solide, plus ou moins coûteux, détermine sa nature pathogène ou normale. C'est pourquoi l'idée de dialectique appliquée à l'inconscient doit être maniée avec prudence.

D'autre part, néanmoins, la dialectique est souvent mobilisée – chez Lacan en particulier – pour aider à décrire et à penser la pratique de la cure. Lacan revendique comme un trait propre de son enseignement la mise en évidence de la « dialectique sous-jacente » à la pratique analytique. Dans le texte qui ouvre *Les Quatre concepts fondamentaux de la psychanalyse*, il choisit ainsi de mettre en avant la « psychanalyse didactique », « cette praxis, ou cette étape de la praxis, laissée, par tout ce qui se publie, complètement dans l'ombre »[1]. Pour contrer la réduction de l'analyse à l'application automatique de « formules » figées et de concepts dégradés ou affadis, Lacan attire l'attention des analystes sur cette dialectique à laquelle il leur faut prêter l'oreille :

---

1. J. Lacan, *Le Séminaire, livre XI, Les quatre concepts fondamentaux de la psychanalyse*, Paris, Seuil, 1990, p. 14.

L'analyse n'est pas de retrouver dans un cas le trait
différentiel de la théorie, et de croire expliquer avec pourquoi
votre fille est muette – car ce dont il s'agit, c'est de *la faire
parler*, et cet effet procède d'un type d'intervention qui n'a
rien à faire avec la référence au trait différentiel. [...] et c'est
ce qu'on a appelé, un moment, du nom d'analyse des
résistances[1].

D'où un certain intérêt pour la dialectique hégélienne. La
pratique analytique est comprise comme une technique de la
suppression de toute solidification ou fixation réflexive dans le
même sens où Hegel comprend la dialectique comme ce qui
dissout les représentations, divisions, partitions figées d'entendement... Lacan aborde déjà la « cure par la parole » (« *talking
cure* ») qu'est l'analyse à la lumière de la dialectique socratique
et platonicienne dans laquelle dialogue et questions font
émerger la vérité : « La vérité n'est rien d'autre que ce dont le
savoir ne peut apprendre qu'il le sait qu'à faire agir son ignorance »[2]. De plus, Lacan se penche sur la relation, à ses yeux
dialectique, qui donne lieu à la manifestation de résistances
dans et par le transfert. Celle-ci lui semble d'abord très proche
de la forme à travers laquelle, par l'entremise de Kojève, lui-
même a été initié à la dialectique hégélienne : c'est la lutte pour
la reconnaissance sur fond du désir qui donne son impulsion au
mouvement que décrit la *Phénoménologie de l'esprit*.

La technique des associations libres et du progrès
analytique rejoindrait la dialectique de la reconnaissance pour
laquelle une conscience de soi est une conscience de soi pour
une autre conscience de soi. Mais, il est donné à ce « progrès »
un sens particulier. L'analysé serait comparable à chaque

---

1. J. Lacan, *Le Séminaire, op. cit.*, p. 20.
2. J. Lacan, *Écrits II*, Paris, Seuil, 1971, p. 156.

figure qu'adopte la conscience pour se faire vérité : de certitude déçue en certitude déçue, l'esprit ferait l'expérience de la négativité jusqu'à ce qu'il reconnaissance que lui-même n'est rien d'autre que la négativité même, qui donne vie à tout ce qu'il voulait ériger comme étant sa propre substance (et par là son symptôme)... Nous rencontrons ici une tradition dont la source se trouve chez Kojève : elle consiste à réinterpréter la dialectique de Hegel dans les termes d'une inspiration heideggérienne, à repenser la lutte à mort des consciences à partir de l'être pour la mort, en tant que celui-ci est authentiquement sujet de vérité, le seul sujet possible pour une vérité qui ne se montre qu'en se cachant.

Dialectique et anthropologie

Il faudrait soulever également la question de l'intervention de la dialectique dans le champ de l'ethnologie, de l'anthropologie et de la sociologie. Commençons par quelques indications concernant la présence, au premier abord curieuse, de la dialectique dans l'œuvre et la pensée de Claude Lévi-Strauss. Que peut désigner l'idée de « dialectique structurale » ? En effet, comment le primat donné aux structures est-il compatible avec une processualité dialectique ? Quelle peut être, chez Lévi-Strauss, la fonction d'une dialectique « synchronique », quand celui-ci conduit une des plus profonde critique de la raison dialectique historique ? L'existence d'une dialectique dans la théorie lévi-straussienne semble en effet d'autant plus intrigante que Lévi-Strauss est d'emblée considéré comme un penseur de la différence dégageant une répétition dynamique de ce qui diffère et, de ce fait, hostile par définition à toute perspective dialectique. C'est pourquoi son structuralisme a tant donné à penser aux philosophes de la *French Thought*, penseurs de la différence, de la différance, différenc/tiation, du différend… Il est vrai qu'on ne rencontrera, dans l'anthropo-logie lévi-straussienne, aucune allégeance ni à la dialectique historique d'un Sartre ni au mouvement dialectique hégélien de négation de la négation, qui dépasse négation et différence vers une positivité, une identité et une solution. Pour autant, le concept de dialectique ne s'en trouve pas congédié et reçoit même là une thématisation fine et originale.

Lévi-Strauss va nommer « dialectique » le mouvement complexe par lequel le mythe partant d'une contradiction pratique transforme celle-ci en oppositions et en inversions logiques. La dialectique n'est pas ici diachronique, progressiste ou téléologique. Elle désigne le processus grâce auquel la pensée se meut d'un niveau de détermination à un autre niveau de détermination à l'intérieur d'une structure feuilletée au sein de laquelle un élément de contenu appartenant à un niveau peut devenir forme à un autre niveau.

Plusieurs aspects de cette dialectique retiennent notre attention. D'abord, celle-ci est interne à la pensée mythique. Il ne s'agit pas d'une propriété du discours mais d'une logique qui habite la réalité elle-même. La dialectique structurale donne alors l'exemple d'une dialectique objective. Ensuite, elle ne conduit à aucune « solution », à aucun établissement d'un sens vrai et dernier, à aucune synthèse idéale. On ne dépasse ainsi jamais la différence, le non-sens et même un certain rapport au néant. Enfin, cela implique une conception originale de la contradiction. Chez Lévi-Strauss, dans l'ana-lyse structurale, la contradiction n'est jamais un moment ou un moyen qui se trouverait dépassé par la poursuite et la réussite du mouvement dialectique. La contradiction désigne une tension interne repérable à un niveau de la structure et qui, se déplaçant à d'autres niveaux de la structure, rencontre une solution provisoire mais sera répétée ensuite sous une autre forme. Lévi-Strauss utilisera alors la notion de « surdétermination » pour décrire ce mouvement compliqué de déplacement de la contradiction qui n'en est nullement l'annulation.

Souligner l'importance de la dialectique – celle-ci étant d'ailleurs analysée sous différents aspects par Lévi-Strauss – permet de corriger une idée reçue concernant l'anthropologie structurale qui voit en celle-ci une analyse formelle. L'anthropologue y insiste lui-même à l'occasion d'une analyse des relations entre mythe et rite. Il n'y a pas, contrairement à ce que l'on avait coutume de penser, homologie stricte entre les deux, l'un reproduisant ou dupliquant l'autre, quel que soit l'original, mais il faut envisager cette homologie, quand elle existe, comme un cas particulier d'une relation plus générale entre mythe et rite et entre les rites eux-mêmes. Cela conduit Lévi-Strauss à parler d'une relation dialectique entre mythe et rituel : « pour la comprendre, il est indispensable de comparer le mythe et le rite, non seulement au sein d'une même société, mais aussi avec les croyances et pratiques des sociétés voisines »[1], car des mythes peuvent constituer des permutations de certains rituels d'autres populations. C'est pourquoi l'analyse purement formelle est insuffisante. Il faut prendre en compte les phénomènes d'influences réciproques entre aires géographiquement voisines et envisager le fait que des structures mythiques aient le statut d'antithèses. C'est pourquoi ici la préoccupation de la dialectique fait se rejoindre étude des structures et histoire.

---

1. C. Lévi-Strauss, « Structure et dialectique », p. 266-275, *Anthropologie structurale*, Paris, Plon- Presses Pocket, 1974, p. 275.

Dialectique et sociologie

1) On s'intéressera maintenant au sens de l'entreprise initiée par Georges Gurvitch en 1963 dans *Dialectique et sociologie*. Celui-ci a fait des sciences sociales et en particulier de la sociologie et de l'histoire le domaine privilégié d'application de la dialectique. Ce faisant, il a contribué à installer au cœur des sciences humaines et sociales le concept de dialectique, allant jusqu'à déclarer : « Et nous aimerions lire au fronton de la future *Maison des Sciences de l'Homme* cette devise : *"Nul n'entre ici, s'il n'est dialecticien"* »[1].

Gurvitch est bien conscient de la mode qui préside à l'emploi abusif de la notion de dialectique et au caractère dogmatique de la majorité de ses emplois. Pour en faire usage de façon non-dogmatique en sociologie, et contribuer à une sociologie scientifique, il faut, précise-t-il, absolument y associer le concept d'empirisme. Pour Gurvitch, en effet, la dialectique véritable débouche toujours sur l'expérience, qu'il s'agisse d'une expérience vécue, d'une expérience quotidienne ou d'une expérience construite dans les sciences. En retour, l'expérience se révèlerait toujours médiate et, ce faisant, dialectique : « Ainsi, par l'expérience, nous nous trouvons plongés dans la dialectique »[2].

Gurvitch situe ce qu'il nomme le « foyer essentiel » de la dialectique dans la réalité sociale et dans ce qui en est, à ses yeux, la part privilégiée, la réalité historique. Il va alors défendre une thèse forte selon laquelle, d'une part, l'objet qui est selon lui celui de la sociologie, à savoir les phénomènes sociaux totaux, sont insaisissables indépendamment de la

---

1. G. Gurvitch, *Dialectique et sociologie*, Paris, Flammarion, 1962, p. 12.
2. *Ibid.*, p. 10.

dialectique, et, d'autre part, que la méthode même de la sociologie exige le recours à la dialectique. Les sciences sociales engagent donc plus que les sciences naturelles la dialectique, dans cette mesure où son objet, en sus de leur méthode, la réalité humaine et sociale, est elle-même dialectique quand, pour Gurvitch, seule la méthode est dialectique pour ce qui est des sciences de la nature.

La dialectique, dans son sens authentique, désigne l'entreprise de « démolition de tous les concepts acquis, en vue d'empêcher leur "momification" qui vient de leur incapacité à saisir les totalités réelles "en marche" »[1]. Celle-ci doit en particulier nous prémunir d'une philosophie dogmatique de l'histoire que Gurvitch tient pour le pire ennemi de la sociologie scientifique. Il faut tenir ferme ce principe, faute de quoi toute dialectique, dit-il, devient une dialectique « consolante », « domestiquée ». Toute conception authentique de la dialectique engage pour lui l'idée d'un risque encouru pour démolir des concepts momifiés. La mobilisation du concept de dialectique ne signifie ensuite nullement qu'on ferait reposer la sociologie sur une quelconque philosophie. Au contraire, il s'agit de « dégogmatiser la sociologie par la dialectique »[2].

Enfin, selon Gurvitch, la dialectique possède trois aspects qu'il propose d'étudier en détail et qui entretiennent entre eux des rapports eux-mêmes dialectiques qu'il faut analyser. Il présente cette double étude, manquée par la plupart des dialecticiens, comme un des apports principaux de son travail à l'élaboration d'un concept de dialectique. La dialectique est en effet d'abord un « mouvement réel », qui désigne avant tout celui des totalités humaines sociales et historiques qui se

---

1. G. Gurvitch, *Dialectique et sociologie*, *op. cit.*, p. 7.
2. *Ibid.*, p. 21.

forment et se désagrègent. Ensuite, une « méthode », celle qui permet de connaître adéquatement le mouvement des totalités sociales réelles et historiques. Enfin, « le rapport dialectique qui s'établit entre l'objet construit par une science, la méthode employée et l'être réel ». Ce dernier aspect est dominant en sociologie et dans les sciences de l'homme [1].

2) Bourdieu, en un sens radicalement différent, fait place lui aussi à une dimension dialectique dans sa sociologie. Il dégage en effet la dimension pulsionnelle du sujet, quoiqu'il lui donne différents noms : libido, intérêt, investissement, illusio. Sa théorie dispositionnelle de l'action est une théorie affective de l'action : il est question de l'énergie dont les corps disposent pour s'investir dans le monde. Le désir humain est pour Bourdieu comme pour Freud ancré dans le corps, raison pour laquelle l'émancipation à l'égard de servitudes passionnelles est si difficile. La nature pulsionnelle ou libidinale des désirs individuels explique la puissance et l'enracinement des investissements [2]. On entre ainsi dans un champ social non par un acte conscient mais par un « investissement », un rapport de croyance inconscient ainsi qu'un « intérêt » :

> Le long processus dialectique, souvent décrit comme « vocation », par lequel « on se fait » à ce par quoi on est fait et on « choisit » ce par quoi on est « choisi », et au terme duquel les différents champs s'assurent les agents dotés de l'habitus nécessaire à leur bon fonctionnement, est à peu près à l'apprentissage d'un jeu ce que l'acquisition de la langue maternelle est à l'apprentissage d'une langue étrangère... [3].

1. G. Gurvitch, *Dialectique et sociologie*, *op. cit.*, p. 37.
2. P. Bourdieu, *Méditations pascaliennes*, Paris, Seuil, 1997, p. 200.
3. P. Bourdieu, *Le Sens pratique*, Paris, Minuit, 1980, p. 112-113

Comprendre une pratique, une action, un discours, c'est alors toujours comprendre une dialectique entre un désir et un champ. Un champ se définit en effet comme ce qui offre aux agents une forme légitime de réalisation des désirs et l'inscription dans un champ pour un sujet comme une négociation entre les désirs et la légitimité[1] (certains manipulent l'institution pour la mettre au service de leurs pulsions, d'autres se soumettent à l'institution, d'autres en s'y soumettant soumettent l'institution. Bourdieu parle même d'une dialectique de l'investissement dans et par l'institution).

Si on étudie souvent des cas extraordinaires de la relation entre pulsions et institution – c'est, pour Bourdieu, le cas d'une grande partie du travail de Jacques Maître (par exemple ses recherches sur Thérèse de Lisieux) –, chacun se trouve avec ses pulsions confronté au même problème de la « négociation, celui d'être face à une institution offrant des possibilités d'expression de pulsions moyennant une gestion contrôlée de celles-ci »[2]. Et, du côté de l'institution, il y a aussi une forme de négociation ou de dialectique car tout en constituant des principes de réalité, elles doivent ménager une place au principe de plaisir pour que ça marche, pour que les individus y investissent leurs désirs[3] (Bourdieu parle même d'une certaine « perversité » inhérente au champ[4]) :

> Ces cas extraordinaires font voir de façon extraordinairement claire des choses qui sont aussi présentes dans les expressions ordinaires et, finalement, on peut y observer mieux

1. J. Maître, « Avant-propos dialogué avec Pierre Bourdieu », p. v-xxii, *L'Autobiographie d'un paranoïaque*, Paris, Anthropos, 1994, p. vii.

2. *Ibid.*, p. viii.

3. *Ibid.*, p. xi.

4. *Ibid.*, p. xii.

qu'ailleurs la dialectique très générale des pulsions et des institutions, de l'investissement dans l'institution et de l'investissement par l'institution, de l'imposition et de l'adhésion, etc.[1]

Parce qu'il y a une dialectique entre désirs et institutions et une manipulation des uns par les autres : les possibilités offertes par les institutions sont utilisées ou détournées pour la satisfaction des désirs et intérêts et les champs se servent et vivent des passions et pulsions qu'ils canalisent, alors « c'est ce double travail du désir sur les institutions et des institutions sur le désir que devrait prendre pour objet une socioanalyse dépassant réellement l'opposition entre la psychanalyse et la sociologie »[2].

---

1. J. Maître, « Avant-propos dialogué avec Pierre Bourdieu », *op. cit.*, p. IX.
2. *Ibid.*, p. XIX.

TEXTES ET COMMENTAIRES

TEXTE 1

HEGEL
Encyclopédie des sciences philosophiques,
Introduction § 11 et Remarque

On peut plus précisément déterminer le besoin de la philosophie en disant que, tandis que l'esprit a pour ob-jets, en tant que sentant et intuitionnant : du sensible, en tant que fantaisie créatrice : des images, en tant que volonté : des buts, etc., *en s'opposant à ces formes* de son être-là et de ses ob-jets ou simplement *en se différenciant* d'elles, il donne satisfaction aussi à son intériorité la plus haute, la *pensée*, et fait de la pensée son ob-jet. Il vient aussi *à lui-même*, au sens le plus profond du terme, car son principe, son être-un-Soi pur de tout mélange est la pensée. Mais dans cette entreprise, il arrive que la pensée s'embrouille dans des contradictions, c'est-à-dire se perd dans la non-identité fixe des pensées, par conséquent ne s'atteigne pas elle-même, et bien plutôt reste prise dans son contraire. Le besoin plus élevé va contre ce résultat de la pensée qui relève seulement de l'entendement, et il est fondé en ce que la pensée ne se délaisse pas, reste fidèle à elle-même, dans cette perte consciente de son être-chez-soi, « afin qu'elle

vainque »[1], accomplisse dans la pensée elle-même la
résolution de ses propres contradictions.

> Le discernement que la nature de la pensée elle-même est la
> dialectique consistant en ce qu'elle doit nécessairement en
> tant qu'entendement tomber dans le négatif d'elle-même,
> dans la contradiction, constitue un côté capital de la Logique.
> La pensée désespérant de pouvoir *à partir d'elle-même*
> effectuer aussi la résolution de la contradiction dans laquelle
> elle s'est posée elle-même, revient aux solutions et apaise-
> ments qui ont échu en partage à l'esprit dans certaines autres
> de ses manières d'être et de ses formes. La pensée, toutefois,
> n'aurait pas besoin, lors de ce retour, de sombrer dans la
> *misologie*, dont Platon a déjà eu l'expérience sous les yeux,
> ainsi que cela se produit dans l'affirmation de ce que l'on
> appelle le *savoir immédiat* comme de la forme *exclusive* de la
> conscience de la vérité.

1. Hegel, *Encyclopédie des sciences philosophiques*, I *La science de la logique*, trad. B. Bourgeois, Paris, Vrin, 1970. Pour expliquer cette allusion, B. Bourgeois, qui traduit le texte, renvoie aux hypothèses de F. Nicolin et O. Pöggeler, selon lesquelles Hegel ferait référence soit à un passage de l'Épître de saint Paul aux Romains (3,4) soit à un cantique.

RÉSOUDRE SES PROPRES CONTRADICTIONS

Ce texte de Hegel, soit le § 11 (avec sa Remarque) de l'« Introduction » de l'*Encyclopédie des sciences philosophiques* (dans l'édition de 1827-30), présente le travail dialectique de la raison comme l'œuvre propre de l'esprit qui philosophe, et définit celle-ci comme l'épreuve nécessaire et le dépassement de la contradiction. Hegel y détaille également toutes les réactions « non-dialectiques » qui peuvent être celles de l'esprit devant la contradiction : « misologie », fuite dans le « savoir immédiat », etc. Dans ce passage, Hegel mobilise pour définir l'activité de la pensée dialectique l'idée éminemment paradoxale selon laquelle celle-ci parvient à « résoudre » les contradictions. La formule doit d'abord nous étonner car la contradiction semble être ce qui arrête la pensée, ce qui va contre la logique, alors que Hegel fait, lui, de l'épreuve de la contradiction le point de départ de sa refondation de la logique. Si la contradiction désigne la relation entre deux termes, deux propositions qui affirment et nient le même élément de connaissance, et par extension la réunion d'éléments incompatibles, comment « résoudre » ce qui est inconciliable ?

À cet égard, la dialectique hégélienne a pu faire figure de pouvoir magique.

L'esprit qui philosophe

Le texte s'ouvre par une définition de l'activité de l'esprit quand il philosophe. Qu'est-ce qui spécifie l'esprit occupé à philosopher? Celui-ci n'a pas à proprement parler quelque chose pour objet, contrairement à ce qui se produit quand il sent ou qu'il a des intuitions (il a alors pour objet du sensible); quand il imagine ou crée (des images); quand il veut (des buts, des fins), etc. On pourrait multiplier les exemples: quand il ressent, il a pour objet des affects, quand il rêve, des images visuelles et auditives qui forment ses songes. Ces objets, ces formes sont la façon qu'a l'esprit d'exister, d'être-là, présent et actif. Or, quand l'esprit philosophe, soutient Hegel, il s'oppose ou se différencie de ces formes et de leurs objets. Cela signifie qu'il n'a plus son objet à l'extérieur, dans quelque chose de différent de lui (même quelque chose de proche, de parent ou d'intime) mais qu'il se prend lui-même pour objet. C'est pourquoi on peut dire alors qu'il a pour objet l'intériorité, la pensée, autrement dit: lui-même. Le paradoxe est bien qu'un objet, c'est-à-dire ce qui étymologiquement – «*objectum*» – désigne ce qui est jeté devant moi, ce qui me fait face, semble normalement extérieur ou différent à l'égard de la pensée qui le pense et s'y rapporte. Même si le rapport est intime, l'image, l'affect, le but sont des déterminations et formes particulières de la pensée et non la pensée elle-même. Comment l'esprit peut-il alors devenir pour lui-même objet? D'autre part, à différents degrés, dans ces différentes formes de l'esprit, l'objet lui échoit de l'extérieur (sensations, impressions, idées incidentes, représentations communes, etc.) alors que l'esprit qui philosophe *se donne* pour objet la pensée. Ce qui est pour lui l'intériorité ne lui arrive pas du dehors et ne présente rien d'adventice.

Quand Hegel affirme de l'esprit qui philosophe qu'il fait de la pensée son objet et que cela le satisfait, il n'ouvre pas une définition neuve de la philosophie mais s'inscrit dans la tradition initiée par Platon avec le motif du dialogue de l'âme avec elle-même. Le *Théétète* contient en effet cette fameuse définition de la pensée, donnée par Socrate en réponse à Théétète qui lui demande ce qu'il appelle « penser » :

> Une discussion que l'âme elle-même poursuit tout du long avec elle-même à propos des choses qu'il lui arrive d'examiner. [...] Car voici ce que me semble faire l'âme quand elle pense : rien d'autre que dialoguer, s'interrogeant elle-même et répondant, affirmant et niant. Et quand, ayant tranché, que ce soit avec une certaine lenteur ou en piquant droit au but, elle parle d'une seule voix, sans être partagée, nous posons que c'est là son opinion[1].

Platon ne fait pas seulement de la pensée une manière de langage intérieur silencieux. Socrate voulait ici indiquer plutôt que seul pense vraiment celui qui sait adresser ses propres pensées au noyau intime de son être et écouter ce que celui-ci leur répond. La véritable pensée ne consiste pas à combiner les idées entre elles, mais à opérer un retournement de ce qui est pensé vers l'âme. Le dialogue de l'âme avec elle-même consiste à mettre la pensée dans un mouvement de retour à soi. La conception hégélienne dialectique de la philosophie prolonge cette position.

En prenant la pensée pour objet, l'esprit se réalise lui-même, il réalise ce qu'il est profondément. En effet, le principe

1. Platon, *Théétète*, Paris, GF-Flammarion, 1995, 189e-190a.

de l'esprit est pour Hegel la pensée. Et l'idée que la philosophie est l'activité de la pensée qui prend la pensée pour principe est la base de la position idéaliste. Il faut commencer par rappeler que chez Hegel *toute* philosophie est un idéalisme, si bien que l'opposition entre réalisme et idéalisme n'a pas de sens en philosophie. L'idéalisme est d'abord défini par la proposition qui dit que « le fini est idéel » autrement dit par le fait d'affirmer que le fini n'est pas l'être véritable. Une philosophie qui placerait l'être véritable, ultime, dans l'être-là fini, n'en mériterait pas le nom pour Hegel. C'est, selon lui, Descartes qui en a vraiment pris la mesure avec le cogito et c'est pour cela que celui-ci inaugure la philosophie moderne et est considéré comme un « héros » des Temps Modernes.

Être pris dans la contradiction

Or, quand l'esprit philosophe, c'est-à-dire quand il prend la pensée pour objet, il arrive, souligne Hegel, qu'il se trouve pris dans des contradictions et ne parvienne pas à en sortir. Alors, il n'atteint pas ce qu'il est mais reste arrêté dans son développement. La connaissance ne progresse pas, l'esprit reste bloqué. La contradiction, soit le fait que deux termes affirment et nient le même élément de connaissance, constitue ce qui arrête inéluctablement l'esprit puisqu'elle représente ce qui est, non pas contraire, mais absolument incompatible, soit la plus grande différence possible dans un même genre. Hegel l'appelle le « non-identique ». D'où la formulation du principe de non-contradiction, deux propositions contradictoires dont l'une affirme et l'autre nie, ne peuvent être vraies en même temps, dans sa version aristotélicienne : « Il est impossible que le même attribut appartienne et n'appartienne pas en même temps, au même sujet et sous le même rapport » (Aristote, *Métaphysique*, G, 3). Hegel, dans sa philosophie, interroge et conteste cette position principielle, à savoir que la contradiction constitue ce qui arrête inéluctablement l'esprit qui philosophe. Cette contestation est au cœur de son concept de dialectique.

Il suggère en effet que la pensée qui reste prise dans la contradiction, qui est arrêtée par la contradiction, est la pensée d'entendement, l'entendement qui n'est pas la forme la plus haute de l'esprit quoiqu'il en constitue un moment nécessaire. Le premier point important tient à la distinction, essentielle chez Hegel, de l'entendement et de la raison. Que fait la pensée d'entendement devant la contradiction? L'entendement est sous ce rapport pris en mauvaise part comme ce qui isole les déterminations. C'est pourquoi il se rend inapte à saisir leur mouvement. Hegel dit ainsi de l'entendement que la contradiction lui semble sans solution, car, pour lui, «l'identique est l'identique, le différent différent»[1]. Le propre de l'entendement est défini par la formule très explicite: «ou bien – ou bien». C'est pourquoi il est arrêté par la contradiction. La connaissance qu'il fournit est abstraite et dépourvue de véritable unité. Hegel parle par exemple de *psychologie descriptive d'entendement* pour la théorie qui fait de l'esprit une collection de facultés. L'entendement produit des schémas, en quoi Hegel voit une connaissance extérieure qui manque le tout vivant de ses objets, leur profonde rationalité[2].

Alors que l'entendement en reste à des alternatives, la raison est la saisie de la nature dialectique de toute chose. Elle perçoit l'unité, la connexion et la processualité: «*L'entendement détermine* et fixe des déterminations; *la raison* est négative et *dialectique*, parce qu'elle réduit à rien les

1. Hegel, *E2*, Add. § 314, p. 465-466.
2. Hegel, *Phéno*, p. 95.

déterminations de l'entendement; elle est *positive* parce qu'elle produit l'*universel*, et subsume en lui le particulier »[1]. C'est la faculté de la synthèse qui dépasse tous les dualismes d'entendement. L'entendement est du côté de la négation simple, quand la raison comprend que la négation véritable est négativité, redoublement dialectique de la négation : négation de la négation.

Pourtant, l'opposition de l'entendement et de la raison est aussi un dualisme d'entendement. Hegel a ainsi toujours reconnu la nécessité du moment négatif de la détermination. La vérité exige donc le travail conjugué de l'entendement diviseur et de la raison unificatrice : « Par conséquent il faut rejeter à tous égards [le fait] de séparer entendement et raison, comme il arrive habituellement »[2]. On se méprendrait d'ailleurs en pensant que ces deux actions sont isolées ou qu'existent deux facultés distinctes de l'esprit. Il est plus exact de dire que l'entendement est pris lui-même dans une dialectique et qu'il *se fait* raison.

La pensée qui philosophe n'est pas qu'entendement. C'est une pensée qui n'est pas perdue, anéantie, déboussolée par la contradiction. Celle-ci, d'une part, comprend ce que la contradiction a de positif, saisit la positivité de la contradiction. La raison va saisir l'unité dialectique des contraires. Elle pense l'identité dans la différence alors que l'entendement s'intéresse aux identités fixes. Et elle ne se perd pas elle-même en étant prise dans une contradiction. C'est ce que Hegel appelle sa fidélité à elle-même. Si bien que la contradiction ne lui semble plus le contraire de la pensée. D'autre part, elle résout la contradiction. L'esprit philosophe dépasse la contradiction.

1. Hegel, *SL1*, p. 6.
2. Hegel, *SL3*, p. 83.

Traverser ou fuir la contradiction

C'est là le mouvement de la dialectique de la pensée qui comprend la nécessité de se heurter à la contradiction pour l'entendement et celle de s'y confronter et de la dépasser. Le travail de l'esprit philosophique possèderait trois moments : le moment abstrait, celui de l'entendement qui isole les déterminations; le moment proprement dialectique, celui de la raison négative, où celle-ci laisse surgir la contradiction et en fait l'expérience; et le moment de l'unité, celui de la raison positive où l'esprit s'élève à la synthèse, le moment spéculatif, celui de la saisie de l'unité des moments précédents, qui verrait le concept se reconnaître dans les objets comme dans un miroir[1]. Hegel distinguerait alors *la* dialectique, qui nommerait l'ensemble du procès par lequel la négation se redouble pour se résoudre dans une positivité et *le* dialectique, qui représenterait le moment négatif. Le *moment* dialectique s'inscrit donc dans un *mouvement* dialectique.

Le principal problème tient alors au fait que souvent la pensée manque de confiance dans sa puissance de résolution des contradictions, dans sa puissance dialectique. Face à la contradiction, qui l'arrête, la désoriente, lui fait peur, elle cherche alors des solutions tierces et des apaisements. Pire encore, il lui arrive de sombrer dans la misologie. Hegel se réfère explicitement au texte du *Phédon*[2], dans lequel Platon se confronte à cette haine de la raison qui naît chez certains de l'idée que rien n'est sain ou sûr dans les raisonnements. Ils ont fait l'expérience répétée d'avoir admis un raisonnement

---

1. Hegel, *E1*, § 79.
2. *Phédon*, 89d. Voir *République*, 411d.

comme vrai puis un peu plus tard de l'avoir jugé faux. Leur déception, ils en ont imputé la faute aux raisonnements.

L'esprit qui n'a pas de force et qui manque de confiance soit se réfugie dans la misologie : il se met à haïr le raisonnement qui le conduit à des contradictions (comprises comme le faux, l'impasse, l'aporie pour la pensée). Hegel montrera que c'est là une fausse compréhension de la contradiction. Ou bien il tente de prendre une forme où il ne rencontrera jamais la contradiction : une forme de la pensée sans altérité, sans expérience de la différence à soi : c'est le savoir immédiat. Il s'agit alors pour l'esprit d'éviter de rentrer dans le processus de raisonnement qui conduit à la contradiction. Est alors, aux yeux de Hegel, nourrie l'illusion que le savoir immédiat, celui qui serait sans médiation, raisonnement, ni processus de pensée, préserve de la contradiction. C'est l'illusion de la simplicité et de l'immédiateté, celle que la connaissance vraie ou pure gît dans des formes d'immédiateté comme la sensation, intuition, l'extase. Chez de tels esprits, la contradiction est toujours signe de fausseté ou d'aporie. Pour Hegel, au contraire, celle-ci ne sera jamais le signe du faux, si la vérité consiste à réussir à penser ensemble les deux versants d'une contradiction, à dépasser les alternatives de la pensée d'entendement, et si le faux, le déchirement, le négatif, la contradiction sont nécessairement un « moment » du vrai.

On observe donc dans la pensée de Hegel une prise en compte positive de la contradiction ou un devenir positif de la contradiction pour la pensée et cela grâce à la dialectique, ou à la raison dialectique.

a) D'abord, la contradiction n'est pas rejetée comme signe ou marque du faux.

b) Ensuite, elle n'est pas non plus relativisée : comme chez les sophistes, où il n'y a que des opinions, des apparences que la rhétorique travaille à renverser. Dans ce cas, en effet, la contradiction n'est que divergence de vues modifiable. Dans la sophistique, la contradiction n'est pas en effet signe du faux mais signe de la diversité des opinions. S'il y a quelque chose de vrai dans toutes les opinions et pas d'être, la contradiction reste quelque chose d'extérieur ; elle existe en parole et n'a pas de réalité. Il s'agit alors d'un effet de discours composé d'opinions et contredire est pris dans son sens étymologique, celui de parler contre quelqu'un. Cette apparence de contradiction est réduite par la persuasion, par des efforts pour améliorer la communication entre les hommes. Pourtant, si la contradiction n'existe pas, c'est qu'il n'y a pas d'opinion fausse, qu'il n'y a pas de partage entre vrai et faux et que la réalité cède la place à un perspectivisme. La stratégie dialectique de Hegel est très différente, puisqu'il affirme la réalité de la contradiction : il y a bien un déchirement de l'esprit dans l'épreuve de la contradiction. L'épreuve dialectique de la contradiction, dans *La Phénoménologie*, est le chemin « du doute et du désespoir ». Celle-ci n'a rien d'une apparence mais est absolument objective.

c) C'est pourquoi, troisièmement, il n'y a chez Hegel jamais d'indifférence à la contradiction. Comme c'est le cas par exemple chez Caliclès dans le *Gorgias*. Caliclès, en effet, ne reconnaît pas ses incohérences ; il est insensible à l'égard de ses propres contradictions et réagit violemment quand on exige de lui de la cohérence. Au contraire, la dialectique constitue dans la philosophie hégélienne la tentative de prendre le plus au sérieux possible la contradiction, comme une épreuve à laquelle il ne faut pas se soustraire mais qu'il faut traverser.

d) Enfin, la position de Hegel se distingue également du fait d'accepter la contradiction à la condition que la raison plie. Admettre la contradiction ne prend jamais le sens chez lui d'une démission de la raison. Au contraire, par exemple, la croyance aux mystères, aux miracles, soit en des choses contradictoires pour la raison (par exemple, que Dieu est 1 *et* 3, qu'il est fini (fait homme) *et* infini, mort *et* ressuscité), relève chez Pascal de vérités qui dépassent la raison mais auxquelles celle-ci doit se soumettre. Selon Pascal, concernant les mystères de la foi, la contradiction impose à la raison de se soumettre ou de s'humilier devant un ordre qui la dépasse, alors même qu'en géométrie, en mathématiques, dans les sciences, le principe de non-contradiction est absolu : « Toutes les fois qu'une proposition est inconcevable, il faut en suspendre le jugement et ne pas la nier à cette marque, mais en examiner le contraire ; et si on le trouve manifestement faux, on peut hardiment affirmer la première, toute incompréhensible qu'elle est »[1]. Or, pour Hegel au contraire, l'acceptation de la contradiction n'est jamais contraire à la raison mais est justement le fait même de la raison dialectique.

---

1. Pascal, *De l'esprit géométrique*, Paris, GF-Flammarion, 1985, Section 1, p. 78.

TEXTE 2

T. W. ADORNO
Dialectique négative, extraits [1]

La formulation de Dialectique négative pèche contre la tradition. La pensée dialectique veut, dès Platon, que par le moyen de la négation se produise un positif; plus tard la figure d'une négation de la négation désigna cela de façon frappante. Ce livre voudrait délivrer la dialectique d'une telle essence affirmative, sans rien perdre en déterminité. Le déploiement de son titre paradoxal est l'une de ses intentions ». (« Avant-Propos », p. 7)

Mais une telle dialectique ne se concilie plus avec Hegel. Son mouvement ne tend pas à l'identité dans la différence de chaque objet d'avec son concept; elle jette bien plutôt le soupçon sur l'identique. Sa logique est une logique de la dislocation : dislocation de la figure apprêtée et objectivée des concepts, que tout d'abord le sujet connaissant a immédiatement face à lui. L'identité de cette figure avec le sujet est la non-vérité. Avec elle, la préformation subjective du phénomène se place devant le non-identique, devant

1. T. W. Adorno, *Dialectique négative*, Paris, Payot, trad. G. Coffin, J. Masson, O. Masson, A. Renaut, D. Trousson, 2003.

l'*individuum ineffabile*. La totalité des déterminations identiques correspondrait à l'idéal de la philosophie traditionnelle, à la structure apriorique et à sa forme archaïsante tardive, l'ontologie. (Deuxième partie, p. 179)

« Sans thèse de l'identité, la dialectique n'est pas le tout, mais alors ce n'est pas non plus pour elle un péché capital d'abandonner cette thèse dans un pas dialectique. Il appartient à la détermination d'une dialectique négative de ne pas se reposer en elle-même comme si elle était totale ; c'est là sa figure d'espérance. Dans la doctrine de la chose-en-soi transcendante au-delà des mécanismes d'identification, Kant a noté quelque chose de cela. » (Troisième partie, chapitre III, p. 490)

UNE LOGIQUE DE LA DISLOCATION

Au texte de Hegel, nous confronterons trois courts extraits du livre d'Adorno publié en allemand en 1966, la *Dialectique négative*. L'idée de dialectique «négative» y est manifestement formulée en réaction à la pensée hégélienne de la dialectique qui confèrerait à celle-ci une «essence affirmative». Pour Adorno, la dialectique hégélienne représente la tentative de penser véritablement le rapport avec ce qui est hétérogène. Seulement, la façon dont ce rapport est compris aboutit à une suppression de cet hétérogène qui est ramené à l'unité par l'*Aufhebung* dialectique. C'est pourquoi, selon lui, la dialectique hégélienne contient en elle un principe antidialectique. Elle se paye alors en particulier du «sacrifice amer de la diversité qualitative de l'existence». La dialectique négative désigne au contraire la conscience maintenue de la non-identité. Elle jette le soupçon sur l'identique : «Sa logique est une logique de la dislocation». Le projet est donc de rendre à la dialectique son sens propre, celui d'épreuve de la différence, sens que la dialectique hégélienne viendrait trahir : «Dialectique signifie objectivement : rompre la contrainte identitaire au

moyen de l'énergie accumulée en elle, figée dans ses
objectivations. Cela s'est imposé partiellement chez Hegel
contre lui, qui certes ne pouvait par reconnaître le non-vrai de
la contrainte identitaire »[1].

La dialectique négative contre la tradition dialectique

La dialectique négative est résolument non-idéaliste ou
plutôt Adorno tente d'élaborer contre la conception traditionnelle de la dialectique une dialectique matérialiste-idéaliste[2].
Du fait de ce caractère foncièrement critique, voire déconstruc-
tif, on pourrait être tenté de comprendre la dialectique négative
comme une entreprise essentiellement négative au sens où tout
son projet serait de traquer les leurres de la dialectique traditionnelle. Cette forme théorique du négativisme ne comporte-
rait pas alors de versant constructif. D'autre part, on pourrait
restreindre le caractère négatif de la dialectique négative au fait
de s'opposer à la « positivité » de la dialectique philosophique
de Platon à Hegel. Il est vrai qu'Adorno n'a pas de mots assez
durs contre le retournement de la négation en affirmation ou le
travail de réconciliation chez Hegel. Le caractère négatif de la
dialectique adornienne n'est-t-il pas réactif, purement opposi-
tif, destiné à inverser simplement un mouvement dialectique
fautif? Il faut d'emblée récuser cette représentation de la
dialectique négative. D'abord, il ne peut s'agir, pour Adorno,
simplement de contredire, de former des contradictions, car la
contradiction à ses yeux reste une forme de l'identité, une
façon pour le concept d'absorber le conçu : « La contradiction
est le non-identique sous l'aspect de l'identité; le primat du

---

1. T. W. Adorno, *Dialectique négative*, *op. cit.*, p. 193.
2. Voir M.-A. Ricard, « La dialectique de T.W. Adorno », p. 267-283,
Laval théologique et philosophique, vol. 55, n° 2, 1999.

principe de contradiction dans la dialectique mesure l'hétérogène au penser de l'unité. En se heurtant à sa limite, celui-ci se dépasse »[1].

Ensuite, la dialectique négative a elle aussi un but « positif ». Simplement, la réconciliation dont elle est porteuse est bien différente de la réconciliation spéculative chez Hegel. Elle n'a pas le sens d'une unité dans la différence, qui signifie toujours pour Adorno l'absorption de l'objet par le sujet, du conçu par le concept, mais comme dit Adorno, « la communication du différent » par laquelle, dans la proximité avec ce qui est étranger, celui-ci demeure lointain, différent. Enfin, comme il le précise ici, « il s'agit de ne rien perdre en déterminité » (ou en détermination) au terme de cette critique de la dialectique. Autrement dit, la critique de la dialectique idéaliste, en particulier celle de Hegel, est absolument solidaire du développement d'une dialectique historique-matérialiste. Celle-ci peut être qualifiée de négative dans la mesure, non pas où elle serait strictement oppositive, mais où elle récuse toute identité (et tout mouvement d'identification) du réel et du concept, pour s'intéresser au non-conceptuel, à l'individuel, au particulier, qui ont été écartés comme négligeables par la dialectique idéaliste qui ne voyait que l'élévation au concept pour les rendre dignes d'intérêt…

La dialectique négative contre l'identité

Comme exemple de l'absorption dialectique du différent dans le même, on peut naturellement donner celui de la dialectique de la raison analysé de concert par Adorno et Horkheimer dans le livre éponyme (1947), en particulier dans le chapitre

---

1. T. W. Adorno, *Dialectique négative*, *op. cit.*, p. 14.

« Le concept d'Aufklärung ». Il désigne ainsi le procès de développement de la rationalité occidentale et du sujet moderne qui a pour corrélat la négation de leur autre, le mythe, d'une part, et la nature, d'autre part. Ils dégagent alors au sein du mouvement des Lumières une tendance à la domination dans la sphère du concept qui conduit à une domination dans la réalité. Ils s'emploient à montrer l'intrication de la domination réelle avec la domination idéelle des Lumières : « L'universalité de la pensée telle que la développe la logique discursive, la domination dans la sphère du concept, deviennent le fondement de la domination dans la réalité »[1]. Adorno et Horkheimer vont mener une autocritique de la raison historique moderne, celle qui se donnait comme grand mouvement de libération, d'émancipation, comme dialectique historique du progrès et qui se heurte au démenti que constitue le XXᵉ siècle et ses drames. Il ne s'agit pas tant de rejeter la dynamique originelle de la modernité – d'où l'idée d'« autocritique » – que d'en appréhender le renversement – le devenir autodestructeur de la raison – pour être en mesure d'en sauver le noyau véritablement émancipateur.

La dialectique adornienne prend en effet le revers du mouvement moderne de promotion d'une subjectivité constituante. Dans la *Dialectique de la raison*, Adorno et Horkheimer décrivaient en effet le processus historique qui avait vu la relation réciproque entre sujet et objet céder la place à une subjectivité dominante et donc à un objet existant par la seule médiation du sujet, le sujet, devenu fondement, prenant de plus en plus de place dans la constitution de la connaissance et de la pratique. Ce mouvement culminerait avec l'idéalisme

1. M. Horkheimer, T. W. Adorno, *La Dialectique de la raison : fragments philosophiques*, Paris, Gallimard, 1989, p. 31.

allemand. On le comprend lorsque l'on se rappelle les déclarations hégéliennes selon lesquelles le sujet est partout chez lui ou bien que « pour l'esprit, quelque chose d'absolument autre n'existe pas du tout »[1].

La critique de l'identité portée par la dialectique négative vise d'abord cette assimilation de l'objet au sujet. Et l'auto-destruction de la raison est comprise comme constitutive du processus de la modernité lui-même. En effet, l'auto-déploiement de la raison est appréhendé comme constitution d'une raison instrumentale qui ne viserait que l'appropriation arbitraire et brutale de l'objet, et qui serait la matrice de la domination. Adorno, nous y viendrons, parlera ailleurs de violence faite au non-identique. D'où la nécessité de travailler à un « concept modifié de la dialectique » soucieux du non-identique, de ce qui résiste à la totalisation arbitraire de la rationalité ou raison instrumentale.

Pourtant, Adorno est lui aussi dialecticien et la dialectique négative est une dialectique. Sous ce rapport et en vertu des critiques dialectiques contre le mythe du rapport immédiat, l'objet demeure pour lui dans la dialectique médiatisé par le sujet. Pour autant, la dialectique négative va soutenir que ce rapport de médiation n'autorise aucune absorption de l'objet par le sujet et qu'elle ne doit pas dissimuler l'autre médiation, celle du sujet par l'objet. Le sujet ou le concept sont tributaires du non-conceptuel car ce qui est pensé renvoie toujours à de l'étant qu'il s'agit de penser, etc. Ainsi, pour Adorno, le sujet lui non plus n'est jamais sans l'objet. La dialectique négative se veut donc une dialectique complète, qui considère le rapport dialectique de médiation dans les deux dimensions qui sont les siennes : médiation de l'objet par le sujet et médiation du sujet

1. Hegel, *E3*, Add. § 377, p. 379.

par l'objet. À cet égard, la dialectique théorisée par la tradition et, au premier chef, celle de Hegel, la dialectique spéculative, apparaît à Adorno unilatérale puisqu'elle occulte la seconde dimension en absolutisant la première. C'est pourquoi un des objectifs de la dialectique adornienne est de produire une modification de notre rapport à l'objet et de promouvoir l'importance de l'objet, raison pour laquelle cette dialectique sera aussi une dialectique matérialiste. C'est que le sujet n'est pas sans sa médiation par l'objet qui lui est antérieur. Pour autant, on ne peut pas retourner contre la dialectique négative l'objection que celle-ci portait contre la dialectique mobilisée par la tradition, d'être unilatérale. En effet, si la médiation est asymétrique, s'il y a une antériorité – toute matérialiste – de l'objet, jamais n'est sacrifiée par Adorno la médiation par le sujet.

En outre, cet objet même médiatisé, ou dialectisé, reste différent du sujet, le conçu différent du concept, quand chez Hegel il devenait sien. C'est pourquoi il peut définir la dialectique négative comme «la conscience rigoureuse de la non-identité»[1]. On l'a compris, Adorno avec la dialectique négative ne rejette pas la médiation mais la dimension identificatrice de la pensée qui fait disparaître l'objet dans son étrangeté, sa différence. Ce n'est pas qu'il faille renoncer à penser, à connaître, à reconnaître, mais la chose connue doit l'être en tant que quelque chose qu'elle est et non comme assimilable au concept.

---

1. T. W. Adorno, *Dialectique négative*, *op. cit.*, p. 14.

Dialectique négative et individu

Cet intérêt et ce souci pour l'individu et le particulier qui sont au cœur de la dialectique négative, soulignons-le, ne signifient aucun abandon de la pensée conceptuelle ou discursive. Adorno ne sera jamais de ceux qui, contre le concept, feront appel au secours de l'intuition, de l'extase, de la révélation, bref aux vérités immédiates, celles qui touchent directement le cœur sans passer par la raison. C'est, au contraire, ce qui fait d'Adorno un dialecticien. Il prolonge en ce sens la critique du savoir immédiat qui présidait chez Hegel à l'exigence dialectique de médiation : il n'y a pas d'accès immédiat aux choses mêmes et aucun retour à l'immédiateté n'est envisageable. On ne rencontrera pas d'appel au tout autre chez Adorno, contrairement à certaines lectures qui en ont été faites, aucune promotion pure de l'hétérogène, de l'ineffable, du transcendant, etc. Sa pensée est résolument dialectique, ce qui signifie qu'il y a nécessairement pour lui une médiation à la fois nécessaire et possible entre le sujet et l'objet mais que cette médiation n'est pas totale et se distingue toujours d'un processus d'identification.

Pourtant, Adorno soupçonne dans la *Dialectique négative* les conséquences désastreuses de ce qu'il comprend de la part de la tradition comme un désintérêt pour l'individualité, comme son insignifiance. La dialectique dont celle-ci est solidaire tenterait de résorber dans l'unité toute dimension d'individualité et de particularité. L'individu est en effet précisément ce qui diffère d'un autre non seulement par le nombre mais aussi par les caractères qui sont les siens. Il est ce qui diffère, ce qu'on différencie du reste. La dialectique hégélienne par exemple, travaillant à rendre les choses semblables ou identiques, occulterait la dimension du dissemblable, de l'original, de ce qui fait exception, c'est-à-dire aussi tout ce qui attache à la particularité.

Le constat d'Adorno dans le livre de 1966 semble sans appel sur ce point précis. C'est un constat d'échec : en dépit du projet d'instaurer un rapport du concept avec ce qui lui est hétérogène, Hegel n'aboutirait qu'à exclure de son champ l'étant déterminé, la détermination singulière, considérés comme non-vrai, qu'à dissiper la contingence de l'expérience individuelle, qu'il congédie, qu'à nier l'autonomie de l'individu. Pour Adorno, c'est bien la différence, la différence individuelle, celle de l'individu et celle qui tient à la richesse de son expérience, qui est réduite par Hegel, mais aussi par tous les tenants d'une dialectique du sujet, qui est dite avoir accepté le « sacrifice amer de la diversité qualitative de l'existence »[1]. Bien plus, le tort vient moins du fait que Hegel ne s'en serait pas préoccupé que de celui d'avoir tenté de le dissoudre et d'en proposer une appropriation : « Même la théorie de l'aliénation, ferment de la dialectique, confond le besoin de se rapprocher du monde hétéronome et dans cette mesure irrationnel, d'être selon le mot de Novalis "partout chez soi", avec l'archaïque barbarie qui considère que le sujet nostalgique est incapable d'aimer l'étranger, ce qui est autrement ; avec l'envie d'incorporer et de persécuter »[2].

Adorno sous-entend alors que la doctrine de l'esprit du monde avalise la tendance qu'a celui-ci à gommer le poids des existences individuelles : c'est pourquoi il se trouve défini comme « catastrophe permanente » : « Sous le joug universel du principe d'identité, ce qui ne se plie pas à l'identité et se soustrait à la planification rationnelle qui règne sur le domaine

---

1. T. W. Adorno, *Dialectique négative*, *op. cit.*, p. 15.
2. *Ibid.*, p. 212.

des moyens se change en objet d'angoisse, revanche pour le malheur que l'identité fait subir au non-identique »[1]. Pour ce qui est de l'esprit des peuples, l'argument est celui-ci que le transfert de légitimité qui se fait à leur profit justifie la domination violente qui en découle pour les individus entraînés de force dans ce mouvement. Enfin, Adorno épingle la détermination de l'hétérogène en simple moment, en particulier le fait que tout est organisé de façon à ce que jamais l'immédiateté ne puisse être le tout de la connaissance mais en demeure toujours un moment : « Pour la dialectique, l'immédiateté ne reste pas ce pour quoi immédiatement elle se donne. Au lieu d'être fondement elle devient moment »[2].

Adorno présente explicitement le projet de la dialectique négative comme une réforme de la dialectique qui assume sa dimension pleinement négative, la dialectique hégélienne ayant le tort de comprendre toujours la négation du négatif dans le sens d'une affirmation ou d'une positivité. Adorno vise alors le caractère provisoire du négatif hégélien, qui n'est négatif que jusqu'à sa résolution, et sa nature pas suffisamment négative. Or, « l'assimilation de la négation de la négation à la positivité est la quintessence de l'identifier, le principe formel ramené à sa forme la plus pure. Avec lui, c'est le principe antidialectique qui, au sein même de la dialectique, s'assure la suprématie… »[3]. On comprend bien comment cela est compris comme moyen de réduction de la différence.

À ce dispositif, Adorno dit opposer une sympathie pour l'utopie du particulier et surtout l'assurance que l'individu doit avoir raison contre le système. Son intention affirmée est de

1. *Ibid.*, p. 387.
2. *Ibid.*, p. 55.
3. *Ibid.*, p. 195.

s'intéresser à ce que Hegel tenait pour négligeable, éphémère, contingent, à toutes ces existences paresseuses et toutes ces petites fleurs innocentes qu'écrasent les grandes figures historiques[1]. Or, à rebours de ce désintérêt pour le non-conceptuel, l'individuel et le particulier, Adorno propose une *logique dialectique de la dislocation* qui part précisément de l'irréductibilité de l'autre du sujet, de la raison ou du concept[2].

À l'horizon de la dialectique négative, on trouve l'effort pour instaurer une autre forme de relation entre le sujet et l'objet. Surtout, pourquoi Adorno parle-t-il d'espérance concernant la dialectique négative? D'abord, la dialectique négative semble être ce qui fait espérer dans une pensée dialectique quand ses développements traditionnels sont plutôt désespérant. Ensuite, il y a dans ce projet de communication du différent quelque chose d'utopique. Malgré les ressources dont l'esprit dispose, celle-ci est à la fois difficile – car il s'agit de rompre avec une pensée assimilante – et impossible à achever, à réaliser totalement. La dialectique négative, celle qui s'en tient au moment négatif de la dialectique et résiste au processus de totalisation, à la synthèse, est certes le seul domaine où peut se développer ce qu'Adorno nomme l'«utopie de la connaissance», mais cette dernière porte bien son nom et conserve toujours cette dimension d'utopie. En effet, le projet émancipateur tient alors au travail d'autocritique de la raison historique, si bien qu'il est toujours déjà compris en lien et par rapport à son propre inaccomplissement voire à son retournement. Il est moins question de réaliser historiquement et politiquement le projet d'émancipation que de dégager le moment négatif qui empêche celui d'une totalisation systématique hégélienne.

---

1. Hegel, *Leçons sur la philosophie de l'histoire*, Paris, Vrin, 1998, p. 37.
2. T. W. Adorno, *La Dialectique négative*, *op. cit.*, p. 179.

La subversion passe par la compréhension du non-identique, d'où le caractère assez flou des modalités concrètes d'une libération sociale. On comprend qu'Adorno touchant le contenu émancipateur de la rationalité parle alors d'*utopie de la connaissance*.

TABLE DES MATIÈRES

TEXTES ET COMMENTAIRES

Julien Dutant, *Qu'est-ce que la connaissance ?*
Hervé Gaff, *Qu'est-ce qu'une œuvre architecturale ?*
Pierre Gisel, *Qu'est-ce qu'une religion ?*
Jean-Yves Goffi, *Qu'est-ce que l'animalité ?*
Denis Grison, *Qu'est-ce que le principe de précaution ?*
Gilbert Hottois, *Qu'est-ce que la bioéthique ?*
Annie Ibrahim, *Qu'est-ce que la curiosité ?*
Catherine Kintzler, *Qu'est-ce que la laïcité ?*, 2ᵉ édition
Sandra Lapointe, *Qu'est-ce que l'analyse ?*
Michel Le Du, *Qu'est-ce qu'un nombre ?*
Pierre Livet, *Qu'est-ce qu'une action ?*, 2ᵉ édition
Louis Lourme, *Qu'est-ce que le cosmopolitisme ?*
Fabrice Louis, *Qu'est-ce que l'éducation physique ?*
Michel Malherbe, *Qu'est-ce que la politesse ?*
Paul Mathias, *Qu'est-ce que l'internet ?*
Lorenzo Menoud, *Qu'est-ce que la fiction ?*
Michel Meyer, *Qu'est-ce que l'argumentation ?*, 2ᵉ édition
Michel Meyer, *Qu'est-ce que le théâtre ?*
Cyrille Michon, *Qu'est-ce que le libre arbitre ?*
Paul-Antoine Miquel, *Qu'est-ce que la vie ?*
Jacques Morizot, *Qu'est-ce qu'une image ?*, 2ᵉ édition
Gloria Origgi, *Qu'est-ce que la confiance ?*
Mélika Ouelbani, *Qu'est-ce que le positivisme ?*
Claire Pagès, *Qu'est-ce que la dialectique ?*
Claude Panaccio, *Qu'est-ce qu'un concept ?*
Denis Perrin, *Qu'est-ce que se souvenir ?*
Roger Pouivet, *Qu'est-ce que croire ?*, 2ᵉ édition
Roger Pouivet, *Qu'est-ce qu'une œuvre d'art ?*
Manuel Rebuschi, *Qu'est-ce que la signification ?*
Dimitrios Rozakis, *Qu'est-ce qu'un roman ?*
Jean-Marc Sébé, *Qu'est-ce qu'une utopie ?*
Yann Schmitt, *Qu'est-ce qu'un Dieu ?*
Alexander Schnell, *Qu'est-ce que le phénomène ?*
Franck Varenne, *Qu'est-ce que l'informatique ?*
Hervé Vautrelle, *Qu'est-ce que la violence ?*
Joseph Vidal-Rosset, *Qu'est-ce qu'un paradoxe ?*
Joseph Vidal-Rosset, *Qu'est-ce que la négation ?*
John Zeimbekis, *Qu'est-ce qu'un jugement esthétique ?*

Imprimé par CPI (128358) en avril 2015
Dépôt légal : avril 2015